IMAGINE
la France de nos enfants

Cet ouvrage a été conçu sous la direction de Luc Jacob-Duvernet

IMAGINE
la France de nos enfants

ALAIN LEBAUBE ET PATRICK ROGER
AVEC LA COLLABORATION DE PATRICK HARISMENDY

Éditions Balland/Jacob-Duvernet
avec le soutien de la Caisse des Dépôts et Consignations et de France Info

Cultivons notre jardin

Nous autres, humains, savons désormais que le monde est mortel… Paul Valéry se serait sans doute parodié s'il avait assisté au Sommet de la Terre, en juin 1992, à Rio. C'est aujourd'hui une évidence : nous partageons un bien commun fragile et épuisable, la planète, seule une politique générale et raisonnée, par-delà les frontières, peut la préserver et en assurer la transmission. En réponse à ces préoccupations est né le concept de « développement durable ». Passons sur la consonance technocratique de l'expression. Elle véhicule une idée noble et jettera peut-être les bases d'une nouvelle épopée des Temps modernes. Le concept est apparu à la fin des années 80 sous la forme d'une déclaration d'intention : satisfaire les besoins des générations actuelles sans compromettre ceux des générations futures. Programme certes flou et imprécis, mais suffisamment souple pour que chacun se l'approprie, avec, à l'esprit, la phrase d'Antoine de Saint Exupéry : « Nous n'héritons pas la Terre de nos ancêtres, nous l'empruntons à nos enfants ». L'idée a d'abord germé par opposition à un gaspillage pressenti comme dangereux pour notre avenir, puis, à mesure qu'elle prenait de la consistance, elle s'est donné pour horizon un nouveau corps de doctrine capable de déboucher sur un programme d'action, où l'expression « après moi le déluge » n'est pas de mise.

Parler de prise de conscience collective à l'échelle planétaire est sans doute excessif. Mais les prémices s'en dessinent. La mondialisation n'est pas seulement économique. Le concept fait son chemin en particulier au sein des pays industrialisés, qui ont puisé sans compter dans les ressources offertes et ont beaucoup pollué. Les puissances émergentes, tout affairées à se développer, y sont moins sensibles : leur essor économique pourrait s'en trouver contrarié.

Le temps n'est certes plus aux grandes croisades, aux déclarations incantatoires, à la construction de systèmes. Depuis le siècle des Lumières, des générations ont vécu dans la croyance aveugle dans le progrès, paré de toutes les vertus et érigé en dogme. Au travers du rêve scientiste, non seulement l'homme s'accomplissait, mais parachevait aussi sa domination de la nature. Pour le bien-être de tous, croyait-il. Aujourd'hui, nous avons moins de certitudes. C'est à la fois toute la force et la faiblesse du concept de développement durable. Aucune autorité n'est capable d'en édicter l'ensemble des lois, aucune bible n'en cerne les contours, aucun penseur n'en synthétise les multiples implications, aucun chercheur ne maîtrise les différentes disciplines scientifiques qu'il sollicite, aucun bras armé ou institution internationale n'est en mesure de l'imposer. Seules comptent, sur le terrain, des pratiques qui se révèlent judicieuses et qui, mises bout à bout, dessinent une véritable cohérence autour de grands mots d'ordre : précaution, prévention, responsabilité, solidarité, équité… Cette idée gagne rapidement les législations économiques, environnementales ou sociales et les choix des consommateurs, comme a pu le faire, en son temps, la défense des droits de l'homme. On mesure à peine toutes les implications philosophiques de cette entreprise de très longue haleine, de cette démarche empirique qui a peut-être vocation à donner un nouvel horizon, voire un nouveau paradigme, au XXIe siècle. C'est donc l'affaire de tous, et pas seulement des institutions et des gouvernements. A nous de prendre les initiatives, aussi ponctuelles et « terre à terre » soient-elles, que nous jugeons nécessaires. Souscrire au développement durable, c'est tout à la fois savoir renoncer à prendre son véhicule lorsque les transports en commun font l'affaire, préférer une Sicav investissant dans les actions d'entreprises très scrupuleuses sur les conditions de travail chez leurs sous-traitants, ou procéder au tri sélectif de ses ordures...

Avec modestie, cet ouvrage donne à penser les enjeux du développement durable. Plus que démontrer, il veut sensibiliser, selon une méthode tout à la fois simple et spectaculaire, celle de scénarios mis en image. Probables ou improbables, réalistes ou oniriques, parfois même simplistes ou caricaturaux, ils ont les vertus et défauts de l'image numérique : ils grossissent le trait mais frappent souvent plus les consciences que le texte écrit. Les adeptes de l'école française de la prospective, mondialement réputée, y verront avec amusement une parenté lointaine avec leurs méthodes. Mais, on l'aura bien compris, l'exercice se veut ici plus modeste. Nous n'avons pas davantage l'impudence de jouer aux prévisionnistes : nous avons simplement voulu interroger l'avenir, mettre en évidence les leviers sur lesquels nous pouvons agir, donner corps à ce que pourrait être la France que nous laisserons à nos enfants.

Pascal Delannoy, Alain Lebaube et Patrick Roger

CHAPITRE UN

Territoires des ressources

Comment exploiter la planète sans l'épuiser ?

Rendre la Terre telle qu'on aurait aimé la trouver

Quelle terre laisserons-nous en héritage ? Le chèque en blanc qui nous avait été offert («prélevez autant qu'il vous plaira») sera bientôt, si l'on n'y prend garde, en bois («plus de provision, vous êtes à découvert»). Dans les années 70, les mises en garde de quelques économistes et sociologues n'avaient guère affolé les esprits. C'est devenu aujourd'hui une évidence : l'usufruit de la biosphère est temporaire, les ressources naturelles sont vulnérables et limitées.

Jusqu'alors, l'humanité, comptable de sa seule survie, pouvait et devait puiser dans la Terre l'essentiel de ses ressources. Désormais, dans le panthéisme écologique, le premier commandement pourrait être : «Tu ne détruiras pas en consommant». Ainsi, le vieux principe de Lavoisier – «rien ne se perd, rien ne se crée, tout se transforme» – est amené à reprendre du service, annonçant l'âge du recyclage absolu, touchant à toutes les sphères du vivant et de l'inerte.

A jouer les apprentis sorciers, l'homme a modifié les quatre éléments. L'eau, la terre (entendons les sols) et l'air, voire le feu (sous la forme des énergies fossiles), deviennent source d'attention car leur inépuisable permanence et renouvellement sont en danger.

Prélevée pour les usages alimentaires, ménagers, agricoles ou industriels et affectée, à l'autre bout de la chaîne, par les rejets polluants, l'eau est désormais au cœur d'enjeux tant politiques qu'environnementaux. L'augmentation de son prix est inéluctable, car c'est tout le cycle qu'il convient d'encadrer et de financer, de la source à l'assainissement maximal des rejets. Même les eaux dites minérales sont loin de passer aux filtres lents et rassurants des massifs montagneux. Leur pureté est en cause.

Les sols ne peuvent plus guère se classer selon les vieilles normes de terres riches ou pauvres, grasses ou légères, tant les amendements, minéraux ou chimiques, en ont modifié la nature.

Or, c'est ouvrir la boîte de Pandore que de s'aventurer à pareilles manipulations, comme l'a signalé, en 1998, l'Institut français de l'environnement. La rareté ou la frénésie des cycles d'assolement font oublier, en effet, qu'une ou deux années de repos sont loin de suffire à régénérer un sol. *(Suite page 19)*

Trop de culture intensive, trop d'engrais… La Beauce, devenue stérile, a été laissée à l'abandon. Chartres est une ville fantôme…

Jean-Marie Vivès

Au large de la pointe du Raz, des hélices sous-marines convertissent en électricité la force des courants. Ces éoliennes de la mer

Chayan Khoi

ont été baptisées « neptuniennes »...

Le désert de la Beauce

L'homme aurait bien du mal, par sa seule action, à transformer durablement un territoire, comme les plaines céréalières de la Beauce, en désert : « Les vrais déserts sont toujours liés à des facteurs climatiques », explique Pierre Stengel, ingénieur agronome spécialisé dans les sols, directeur adjoint de la Direction scientifique environnement, forêt et agriculture de l'INRA. Cependant, des risques existent, dus à l'utilisation excessive des engrais organiques et minéraux, ainsi que des pesticides. Ils ne sont pas à négliger. Ainsi, en 1995, 84 000 tonnes de pesticides ont été produites. Or, dans des cas extrêmes, le ruissellement peut entraîner jusqu'à 30 % de la dose apportée aux cultures. L'agriculture est ainsi à l'origine d'une part importante de la contamination des eaux. Sur la totalité des points de mesure des eaux souterraines françaises, si 52 % sont exempts de contamination, 35 % sont suspects et 13 % contaminés (y compris par des bactéries). Les pollutions des nappes phréatiques et des eaux superficielles par les nitrates et pesticides ont des conséquences très négatives sur la qualité des eaux de consommation, les coûts de production d'eau potable et les milieux aquatiques. D'autre part, les prélèvements importants pour l'irrigation peuvent menacer les disponibilités pour d'autres usages et assécher épisodiquement les rivières. L'agriculture raisonnée propose de n'apporter aux cultures que les quantités d'engrais et pesticides strictement nécessaires à leur développement, en tenant compte des propriétés des sols concernés. L'objectif est de limiter le gaspillage et de préserver les ressources en eau. La loi du 3 janvier 1992 rend obligatoire la protection de l'environnement des captages. En 1995, 10 % étaient complètement protégés, 16 % sont en phase de l'être. Dans le domaine de l'agriculture, des mesures de précaution, comme les cultures intermédiaires, peuvent également absorber l'excès d'engrais. Après la moisson, les sols nus, et les nitrates qui s'y trouvent, sont lessivés par les pluies d'hiver. Procéder à un semis à la fin de l'été permettrait d'utiliser ces nitrates excédentaires (9 % des nitrates apportés ne sont pas assimilés par les cultures), et de retenir leur infiltration.

Les neptuniennes du Raz

Des « éoliennes sous-marines », utilisant l'énergie produite par les courants des marées, verront sans doute le jour à l'avenir. Le projet est dans les cartons de l'Europe sous le nom de « Sea-Flow ». Afin de suivre le mouvement de ces courants, les hélices sont montées sur tête pivotante. L'avantage de ce système sur l'éolien est qu'il utilise une source d'énergie prévisible : les temps de la marée sont connus. En revanche, les amplitudes varient et un temps de latence existe entre marées montante et descendante. En l'état actuel des recherches, cette énergie ne concurrence pas l'éolien, la puissance dégagée par une masse d'eau étant inférieure à celle qui est produite par une masse d'air. « Une exploitation du différentiel thermique entre la surface de la mer et les eaux profondes, ou du mouvement de rotation des vagues a été également envisagée », indique Alain Petitjean, du Département recherche et développement d'EDF. A Monaco, l'énergie des vagues est déjà récupérée et fait fonctionner la pompe alimentant le Musée océanographique. Reste que l'exploitation des énergies marines implique des moyens très importants. Aucune de ces énergies ne concurrence, sur le plan économique, le nucléaire. Une perspective intéressante se dessine cependant avec les éoliennes « off-shore ». Ce système utilise les vents marins, plus puissants. Il nécessite des structures capables de résister aux tempêtes, des matériaux inoxydables et la mise en place de câbles tirés depuis le littoral pour apporter cette énergie. En Grande-Bretagne, une turbine flottante a ainsi été fixée à 300 mètres de profondeur par un bloc de béton de 1 500 tonnes. Ce bloc permet à la turbine de résister à des vagues de plus de 15 mètres de haut. Cette turbine assure l'alimentation de 1 000 foyers. En France, un projet envisage la création d'îles artificielles, où des moulins de 180 mètres de haut seraient installés. Actuellement, l'énergie éolienne est avant tout terrestre, et la production est infime (2 000 tonnes équivalent-pétrole en 1996). Cependant, depuis le lancement du programme « Eole 2005 », en 1996, vingt projets de sites d'éoliennes terrestres ont vu le jour. EDF a garanti pour quinze d'entre eux le prix d'achat de l'électricité produite.

(Suite de la page 13) Sans parler des métaux lourds inassimilables qui sont déversés avec les boues d'épandage des stations d'épuration, les lisiers ou les dispersants chimiques. La terre appartient par nature aux ressources très lentement renouvelables : il faut, par exemple, 100 000 ans pour obtenir un mètre de sol rouge méditerranéen.

Parallèlement, la couverture arbustive ou buissonnière a tellement changé en quarante années que l'équilibre végétal, hydrique et pédologique rend les friches nombreuses et en fait une proie facile du feu. Pour la première fois dans l'histoire de l'humanité, l'inutile ou l'inemployé deviennent, à grande échelle, dangereux. Les terres abandonnées sont donc à surveiller.

Enfin, de ses énergies fossiles, la France a fait son deuil : point de pétrole, plus de gaz à Lacq, un charbon inexploitable car sous des zones d'habitation et un uranium à l'exploitation controversée. Dans les années 70, elle a consacré l'ensemble de ses investissements au tout-nucléaire. C'était aussi, prétendait-on, la garantie d'une indépendance énergétique. Actuellement, le nucléaire représente 80 % de notre consommation énergétique. Après l'accident de Tchernobyl en 1989, les partisans d'un abandon du nucléaire ont retrouvé une tribune pour exprimer leurs craintes. Outre le danger d'une telle catastrophe, la question de la gestion à long terme des déchets du cycle nucléaire n'a jamais été résolue en France.

Une réflexion s'est engagée depuis que la plupart des autres grandes puissances occidentales se sont progressivement éloignées du nucléaire. Celles-ci valorisent les industries dites alternatives, sans oublier de mettre l'accent sur une meilleure maîtrise de l'énergie.

La France est très en retrait dans l'utilisation des énergies renouvelables. Anecdotiques éoliennes, rarissimes syndicats d'exploitants d'électricité, géothermie tout juste digne de soigner les rhumatismes, ou panneaux solaires réservés aux heureux skippers transatlantiques : on ne respirerait que mieux si les vieux réflexes centralisateurs et monopolistiques d'un État habitué à taxer lourdement l'énergie volaient en éclat. Cinq filières sont pourtant prometteuses : biomasse, solaire, *(Suite page 25)*

Lyon l'Amazonienne

Quelque 2 000 communes et une population de 2 millions d'habitants, sont aujourd'hui considérées comme particulièrement exposées aux inondations. La prévision des crues est cependant en constante amélioration. 16 000 km de cours d'eau sont ainsi surveillés par 54 services d'annonces des crues. Si les précipitations anormalement élevées peuvent être mises en cause, c'est souvent l'action de l'homme qui est à l'origine des phénomènes de crues. L'urbanisation, parce qu'elle implique la disparition de la végétation, accentue le ruissellement. Des zones d'écoulement sont créées artificiellement. Ces phénomènes favorisent, à terme, l'inondation. Le recours à des revêtements imperméables dans les villes peut également être mis en cause.
Jean Baillon, d'Auxirbat (société de BTP), ajoute que l'extraction des granulats, par les dragues dans le lit des fleuves, a augmenté les risques de crues. Face à une réglementation de plus en plus contraignante, les professionnels se sont tournés vers les granulats de concassage.
Plus largement, près de la moitié des communes françaises est soumise à un ou plusieurs risques naturels, selon le Recueil national des communes à risques. Plus de 11 000 sont menacées par des inondations de plaines ou des crues, et près de 6 000 par des glissements de terrain. La loi Barnier de 1995 a remplacé les PER (plans de surfaces submersibles, périmètres de risques, zones sensibles aux incendies de forêt) par un document unique, le PPR (Plan de prévention des risques naturels prévisibles). En 1998, seulement 1 663 communes, soit moins de 10 % des communes considérées « à risques », possédaient un document de ce type.

Bocages détruits, haies arrachées : les eaux ruissellent et gonflent

Jean-Marie Vivès

les rivières. Lyon, dont les deux fleuves débordent régulièrement, vit dans une humidité permanente…

Lille brille de mille feux. Des capteurs solaires couvrent les toits de la cité, nouvelle ville lumière. Ils utilisent la lumière ambiante...

François Poulain

Lille, ville lumière

La France comptait en 1996 plus de 400 000 m² de capteurs solaires, pour une production d'environ 15 000 tonnes équivalent-pétrole (tep), ce qui est faible ! Cette énergie est tout à fait adaptée à un usage thermique, comme le chauffage ou l'eau chaude. La surface de capteurs dévolus à cette utilisation augmente ainsi de 4 % par an. En revanche, pour produire de l'électricité, faire fonctionner un réfrigérateur ou une télévision par exemple, cette solution semble difficile à mettre en œuvre, non par la surface de capteurs nécessaires, mais plutôt par le coût encore élevé des matériaux. La production d'électricité, à partir de panneaux photovoltaïques, a certes augmenté – plus de 20 installations ont vu le jour entre 1994 et 1996 – mais reste limitée (70 MWh en 1996). Pour une maison individuelle, il faut compter 12 à 20 m² de capteurs, pour une application chauffage. S'il s'agit d'une alimentation en eau chaude, 3 à 6 m² suffisent. Dans le cadre d'un habitat collectif, une toiture terrasse permet l'alignement de capteurs en nombre suffisant pour satisfaire les besoins des habitants (3 m² de capteurs nécessitent environ 10 m² de surface disponible).

« Dans les faits, il n'est ni possible, ni souhaitable, de trouver une seule solution énergétique pour un ensemble urbain », indique Yves Boileau, ingénieur au Département des énergies renouvelables à l'Agence de l'environnement et la maîtrise de l'énergie. L'énergie solaire appliquée au chauffage, compte tenu de nos climats, ne peut couvrir plus de 70 % de nos besoins annuels, mais le complément peut être assuré par une énergie d'appoint conventionnelle. Bruno Gagnepain, de l'Ademe, ajoute que « l'idée du tout solaire ne correspond nullement à la position mise en avant par l'Ademe ou les professionnels du domaine, pour des raisons de bon sens économique et technologique. »
Il s'agit plutôt d'utiliser au mieux des ressources directement disponibles dans le but de diminuer les consommations d'énergies fossiles (gaz, fioul) et contribuer ainsi, modestement parfois, à la réduction des émissions de gaz à effet de serre…

(Suite de la page 19) éolien, hydraulique et géothermie. Pour l'heure, toutes ces productions restent minoritaires. C'est la filière de la biomasse (réutilisation des déchets urbains, biocarburants comme l'éthanol...) qui est la plus développée.

Les éoliennes, longtemps délaissées, connaissent une expansion sans précédent, en particulier dans le Languedoc-Roussillon, l'une des régions européennes les plus ventées. La super-éolienne construite il y a quinze ans sur la pointe bretonne et arrachée par la première tempête n'est plus qu'un mauvais souvenir. La durée de vie des centrales nucléaires existantes se situe à l'horizon 2015/2020. Pour les promoteurs des énergies renouvelables, la période à venir est donc déterminante.

Côté maritime, la mise en place de stations d'épuration combinée aux efforts des sociétés de pêche ou d'associations de protection de la nature a largement restauré un patrimoine qui semblait menacé le long des côtes. Reste encore à régler la pollution des eaux pluviales contaminées par les pesticides et les nitrates d'origine animale. On est, en revanche, loin du compte pour les fonds marins, affectés par la sur-pêche. Aujourd'hui, la mer est vide et il faut s'y habituer, faute d'une pisciculture et de fermes marines encore suffisantes. Les flottes démesurées raclent les fonds marins sans aucune distinction des espèces.

Rêvons un peu. Le consommateur de demain privilégiera les produits estampillés avec le label DD (« développement durable ») attribué aux produits fabriqués dans le respect des hommes au travail et des équilibres naturels, et exonérés à ce titre de TVA. Il aura le choix devant une large palette de produits, la moindre sous-espèce de gallinacés ayant droit au ruban rouge sur lequel l'heureux acheteur trouvera, accroché, le CD-Rom authentifiant l'élevage loin des fétides batteries. A grands renforts de domotique, le réfrigérateur accommodera les restes et une suave voix numérique indiquera les dépassements de consommation d'eau, d'électricité et de gaz. Tout doucement, on s'endormira après une rassurante prière à la Nature, si bonne et contre laquelle on aura si peu péché. Jacques Dutronc ne chantera plus « j'y pense et puis j'oublie »... ■

CHAPITRE DEUX

Territoires de la production

Quand cesserons-nous de prendre la planète pour une poubelle ?

Le principe du pollueur payeur devient une évidence

Il a fallu un trou béant dans la haute atmosphère, des alertes répétées à la pollution et quelques dérèglements climatiques spectaculaires pour que nous découvrions brutalement, après des décennies d'inconséquence, qu'il était temps de réagir. Car non content d'épuiser les ressources mises à sa disposition, l'homme a largement dégradé la planète et répandu ses déchets. Il a pour une large partie stérilisé ses sols, souillé ses cours d'eau, rendu l'air irrespirable et l'atmosphère perméable... Les écosystèmes ont des capacités d'auto-épuration limitées. Dès lors que les seuils critiques sont dépassés, la pollution et son cortège de nuisances sont inévitables.

Au regard de l'Histoire, la grande cassure a sans doute été la Révolution industrielle et le changement d'échelle qu'elle a opéré dans l'exploitation des ressources. En France, les Trente Glorieuses ont donné un coup d'accélérateur au processus de dégradation. Les opinions publiques y sont aujourd'hui d'autant plus sensibilisées que des scénarios catastrophes ne semblent pas totalement exclus en cas d'absence de réaction. Celui du réchauffement accéléré de la Terre a été largement médiatisé, à juste titre. En suivant le rythme actuel d'émissions de gaz à effet de serre, et sans aucune réglementation environnementale, la calotte glaciaire ne sera bientôt plus qu'un gros glaçon, les climats entre déserts et zones humides se modifieront radicalement, 20 % des terres émergées seront sous l'eau.

Chaque année déjà, 37 000 kilomètres carrés de glace redeviennent liquides. En l'espace d'une trentaine d'années, en Arctique, l'épaisseur moyenne des glaces est tombée de 3,1 mètres à 1,8 mètre. La communauté scientifique demeure prudente. Elle ne sait pas, notamment, s'il s'agit d'une conséquence directe du réchauffement de la planète dû à l'activité humaine ou d'une oscillation normale du climat. Certains n'hésitent pas à évoquer la possible disparition de la banquise arctique d'ici à un siècle. Au rythme actuel de dégradation, ce ne sont plus les petits-enfants ou arrière-petits-enfants qui subiraient les dommages, mais bien le futur retraité, aujourd'hui trentenaire, et qui risquerait de voir submergée la maison de ses rêves dans le Bassin d'Arcachon.

La constante dégradation de l'air, qui a cessé d'être l'apanage des seuls centre urbains, a *(Suite page 30)*

La Terre se réchauffe, les pôles fondent, le niveau des mers monte dramatiquement. A Paris, de nombreux quartiers sont engloutis.

Mediacryptage

La tour Eiffel a les pieds dans l'eau…

Paris sous les eaux

Le réchauffement du climat depuis 1900 a atteint + 0,3 à +0,5°C, selon le Groupe intergouvernemental d'experts sur l'évolution du climat (Giec), créé en 1990. Perspective à l'horizon 2100 : + 1 à 3,5°C par rapport à 1990. Les dix plus fortes moyennes de températures en 150 ans se sont produites depuis 1981, les cinq plus fortes depuis 1990. En cause : l'activité humaine, qui, depuis la révolution industrielle, a modifié la quantité de gaz à effet de serre dans l'atmosphère. Le niveau des océans pourrait s'élever de 15 à 95 cm en 2100, en raison de la fonte des glaciers, mais aussi de l'expansion thermique des océans. « L'échéance est lointaine », souligne Catherine Ritz, glaciologue, chargée de recherche au CNRS : à une température de 8 °C, le Groenland fondrait en 5 000 ans. Les zones de delta proches du niveau de la mer seront menacées. Paris, dont le point le plus bas se situe à 26 mètres d'altitude, sera plus longtemps préservée. Le réchauffement du climat peut aussi entraîner la multiplication des accidents climatiques, le déplacement des écosystèmes forestiers vers le nord… La destruction de la couche d'ozone est tout aussi préoccupante : l'intensité du rayonnement ultraviolet augmente (+ 10 % depuis 1990), favorisant les cancers bénins de la peau. Si les engagements internationaux pris lors du protocole de Montréal sont respectés, la « rénovation » de la couche d'ozone ne devrait pas intervenir avant 2045.

(Suite de la page 27) suscité, en 1996, une loi qui institue un « droit à respirer un air qui ne nuise pas à la santé », dans la droite ligne de la conférence sur les changements climatiques qui s'est tenue à Kyoto en 1997. En matière de limitation des émissions de gaz à effet de serre, spécialement dans le domaine industriel, les incitations ou interdits de nature réglementaire avaient plutôt conduit à des réactions du type « ce n'est pas moi, c'est l'autre », ou « je fais comme le voisin ». L'évidente règle du « pollueur payeur » semble désormais enfin retenue. Règle permettant que soient mis en place, non seulement des séries d'écotaxes, mais, de manière plus originale, des permis limitant les émissions de gaz à effet de serre.

Le principe, retenu au début de l'an 2000, peut sembler surprenant aux yeux du public. Très concrètement, une usine qui a réduit ses émissions de CO_2 pourra vendre le crédit dégagé à une autre usine qui elle, au contraire, n'atteint pas ses objectifs dans sa lutte contre l'effet de serre. Dans un premier temps, cette possibilité ne concerne que les entreprises jugées suffisamment importantes. Choquant pour les uns, ce principe séduit les autres, les industriels, bien sûr, mais pas uniquement. Ainsi, des chercheurs comme Olivier Godard (CNRS) saluent la perspective de voir la fiscalité du carbone et les permis négociables, facteurs d'efficacité économique, faire simultanément leurs premiers pas en France[1].

Pour d'éminents défenseurs du développement durable, l'Etat devrait adopter une politique autrement plus incitative en direction des entreprises et des particuliers. Les aides ou les autorisations devraient être conditionnées à des décisions favorables au développement durable. Le monde industriel français semble avoir entendu le message. Depuis quelques années, il intègre dans ses priorités l'aspect environnemental, espérant, non sans opportunisme, en retirer une image positive. Le management environnemental attesté par la norme ISO 14 000 a même fait son apparition.

L'entreprise, dans certains cas, s'est lancée dans la réalisation de diagnostics de ses impacts sur l'environnement, de ses consommations d'énergie et de ses rejets. Selon une étude réalisée par la société de conseil Arthur Andersen auprès de 556 entreprises internationales, près de 60 % parlaient d'environnement en 1998 contre seulement 37 % cinq ans auparavant. Par intérêt ou non, Rhône-Poulenc, leader de la chimie en France, a formé, en 1992, 30 000 personnes à la protection de l'environnement et dépensé des budgets significatifs pour s'adapter aux normes écologiques.

Effet durable ou non ? Depuis dix ans, les pollutions industrielles ont nettement reculé en France, si l'on en croit les chiffres publiés en 1999 par la Direction de la prévention de la pollution et des risques. Il n'en reste pas moins que des problèmes demeurent. La dépollution des sols, notamment, représente un travail de longue haleine. La réhabilitation des friches industrielles, estimées à 20 000 hectares, prend du temps et exige des investissements. Cette réhabilitation passe aujourd'hui par une requalification de zones paysagères abandonnées. La maîtrise des déchets industriels n'est pas encore assurée. Compte tenu de leur dangerosité, ils impliquent un traitement spécifique et suscitent la méfiance des populations. L'enfouissement, en particulier, demeure une pratique contestée. *(Suite page 41)*

Aller simple pour le soleil : des navettes kamikazes, en provenance de La Hague, se désintègrent avec leur cargaison de fûts radioactifs.

François Poulain

Le coût est élevé, mais la Terre est sauve…

Déchets ardents

Situé à 150 millions de kilomètres de la terre, le soleil est une véritable bombe nucléaire. Lui envoyer des déchets nucléaires est une hypothèse digne d'être prise en compte. Seule limite de taille : comment expédier les déchets en toute sécurité ? Thomas Busuttil, directeur de la communication de l'Agence nationale pour la gestion des déchets radioactifs en France (Andra), rappelle qu'à ce jour « aucun lanceur ne garantit que ces déchets parviennent à destination et ne retombent pas avant destruction. Un tel risque ne peut être pris ». La sonde Ulysse, lancée en 1990, a mis quatre ans pour parvenir au pôle sud du Soleil.

Le problème du stockage des déchets reste donc entier. Les techniques employées aujourd'hui varient selon le degré de radioactivité des matières. Les déchets radioactifs de faible activité, à durée de vie courte, sont stockés en surface. La période de surveillance est fixée à 300 ans. D'origine industrielle ou médicale, ces déchets perdent leur activité en moins de 30 ans. Ils sont collectés par l'Andra, puis emballés dans des conteneurs métalliques, enrobés ensuite de béton ou de résine. Chacun de ces colis est composé à 85 % d'enrobage, pour 15 % de déchets. En 1999 près de 12 000 m³ de colis ont ainsi été stockés. Les déchets à durée de vie longue sont enrobés de bitume ou de résine thermodurcissable. Issus du retraitement des combustibles utilisés dans les centrales, ils sont entreposés sur leurs lieux de production à La Hague ou à Marcoule. Les déchets les plus radioactifs, que sont les produits de fission, sont conditionnés sous forme de blocs solides de verre résistant à la chaleur. L'une des voies de recherche pour leur gestion à très long terme est l'étude d'un stockage géologique à 500 m sous terre. En France, deux roches sont étudiées : l'argile et le granite. Aux Etats-Unis, le sel et le tuf volcanique sont également utilisés.

Le projet Seabed prévoyait l'immersion des déchets contenant du plutonium dans l'océan, les sédiments marins ayant de bonnes qualités absorbantes des particules radioactives en cas de fuites. En 1992, après avoir décidé d'une interdiction absolue pour quinze ans des rejets en mer, les pays signataires de la Convention de Londres, dont la France, optent pour l'interdiction définitive. La France a cessé toute immersion depuis 1969.

Le dernier inventaire dressé par l'Andra en France recense 1 064 sites contenant des déchets radioactifs. La loi de 1991 prévoit trois axes de recherche, qui seront menés jusqu'en 2006, pour trouver une solution à très long terme (le neptunium a une durée de vie radioactive de 237 millions d'années). Le premier objectif est de réduire la nocivité par des séparations et des transmutations de la radioactivité. Le deuxième vise à améliorer les conditions d'entreposage et de conditionnement de longue durée en surface. Enfin, il s'agit d'établir des systèmes de stockage dans des formations géologiques profondes. Certains penchent cependant pour des solutions réversibles : des découvertes ultérieures sont possibles. Le cas échéant, les déchets doivent être récupérables, pour un nouveau traitement.

Hausse alarmante des leucémies sur

Géraldine Hervé

le Vieux-Port. En 1900, des expériences sur l'atome étaient menées dans le quartier. Un sarcophage en béton l'isole.

Marseille radioactive

Les cas de sites radioactifs en plein cœur d'une ville ne sont pas si rares. Leur origine remonte aux années 20 à 50, enclines à la « folie du radium ». Cet élément, dont la radioactivité est de 1 600 ans, était notamment utilisé pour la fabrication de lames de rasoirs, d'aliments pour animaux, de produits de beauté, de laine pour layette ou de réveils... Depuis 1995, l'association Robin des Bois s'est spécialisée dans le repérage de ces installations non nucléaires. La liste est longue. A Nogent-sur-Marne, dans les années 60, la négligence a conduit à installer un groupe scolaire sur un site occupé successivement par une usine d'extraction de radium, puis un laboratoire pharmaceutique. En 1986 seulement, puis en 1992, les mesures révèlent que la radioactivité dépasse amplement le seuil fixé par la norme française. Cette école a fermé ses portes en 1998.
Rue Chomel, à Paris, une halte-garderie a été aménagée sur le site de la compagnie Armet de Lisle, qui commercialisait du radium jusqu'aux années 30. Aujourd'hui, en France, avant toute construction, aucune mesure de radioactivité préalable n'est obligatoire. Si quinze années ont été nécessaires à la fermeture du groupe scolaire de Nogent-sur-Marne, celle de la halte-garderie de la rue Chomel a été « presque » immédiate. Mise en accusation en 1998, elle fermera un an et demi plus tard, en mai 2000.

Dans un petit port breton, la marée vient de la terre : la rivière, asphyxiée par les nitrates, déverse un flot nauséabond de plantes

Jean-Marie Vivès

en décomposition…

A Avignon, le pont enjambe le vide… Le Rhône est à sec. La France, comme tous ses voisins européens, souffre d'une grave

Jean-Marie Vivès

ṕénurie d'eau douce.

La choucroute bretonne

Avec 8 millions de porcs, la Bretagne concentre 56 % de l'élevage porcin français, principalement dans les Côtes d'Armor. Par les phénomènes de ruissellement, le lisier apporte un excès de nutriments dans les cours d'eau et les nappes phréatiques. En France, 229 captages ont dû être abandonnés entre 1990 et 1995, entre autres en raison de l'abondance des nitrates. Conséquence plus visible, un développement végétal spectaculaire dans les rivières. « D'où les fameuses algues, l'ulve, qui font ressembler les plages du littoral à des prairies vertes », précise Jean-François Piquot, président du Comité de défense des quatre cantons d'Ille-et-Vilaine, association de protection de l'environnement et membre d'Eau et Rivières de Bretagne. Il est l'auteur du rapport « 24 mois de fonctionnement du Comité départemental d'Hygiène d'Ille et Vilaine. » Tous les littoraux ne sont pas concernés par cette pollution végétale. Pour que l'ulve se développe, quatre facteurs doivent être réunis : des fonds de faible pente, peu profonds et sableux, des courants résiduels faibles, une transparence de l'eau, et une source d'azote minéral, donc en général des anses et des baies. Ces algues, non toxiques, constituent un préjudice économique. Les littoraux sont moins attractifs, les zones de pêche sont repoussées au large des côtes, les bouchots sont prisonniers de cette gangue végétale. Très résistante, l'ulve possède une faculté d'adaptation et de croissance exceptionnelle, et s'étend très rapidement dès lors que tous les facteurs sont réunis. Le ramassage de ces algues est vain, la moindre bouture suffit à une prolifération massive. Draguer les fonds afin de diminuer la transparence de l'eau est tout aussi utopique. Si le développement des ulves près du bord conduit à une auto-saturation du milieu, les algues situées plus au large et le phytoplancton peuvent prendre le relais. Seule solution véritable : reconsidérer les pratiques agricoles en amont, c'est-à-dire mettre en œuvre un élevage moins intensif.

Avignon à sec

Entre 1950 et 2000, la quantité disponible d'eau douce par an et par personne dans le monde est tombée de 17 000 à 7 800 m³. Et à l'horizon 2025, la ration en eau douce pourrait tomber sous la barre des 5 000 m³… L'eau a beau couvrir les trois quarts de la surface de la planète, ne jamais disparaître (mais ne jamais se créer non plus), l'eau douce, elle, n'en représente que 0,07 % (97,2 % d'eau de mer et 2,15 % de glace). Les réserves mondiales sont estimées 130 millions de m³. Principaux responsables de cet amenuisement des réserves : l'augmentation de la population et des activités industrielles et agricoles. L'irrigation, en particulier, consomme 70 % de l'eau douce mondiale. La qualité de l'eau disponible rend la situation d'autant plus alarmante. Les pollutions industrielles et agricoles – produits chimiques, nitrates, métaux lourds –, la présence de bactéries et de virus, rendent cette eau le plus souvent impropre à la consommation. A défaut de posséder des structures permettant l'épuration et le traitement des eaux, les pays pauvres sont les premiers touchés par la pénurie. Parmi les solutions de remplacement : l'eau de mer. Plus de 12 000 usines de dessalement existent aujourd'hui. Les premiers clients sont les pays du Golfe, mais certaines îles du sud de l'Europe y ont également recours. Si de nouvelles technologies permettent d'envisager une baisse des coûts du dessalement, ce procédé n'est pas sans incidence sur l'environnement. Pour un litre d'eau douce obtenu, ce sont deux litres d'eau très fortement concentrés en sel qui sont rejetés dans le sol, augmentant la salinité des nappes. L'impact sur la faune et la flore n'est pas négligeable. Avant d'opter pour le rationnement, certains usages de l'eau, qui provoquent souvent un gaspillage, peuvent également être remis en question. Certains experts suggèrent que les entreprises utilisent les eaux usées et que les grandes villes mettent en place un système double de distribution : un réseau pour les usages domestiques, l'autre pour le nettoyage des rues. En agriculture, d'autres méthodes d'arrosage, plus proche des racines, sont déjà pratiquées. Dans les pays en voie de développement – le centre du Caire gaspillerait 50 % de son eau, selon le rapport du Forum mondial de l'eau, qui s'est déroulé en mars 2000 à La Haye – un réseau de canalisations soigneusement entretenu éviterait des fuites hautement dommageables. Dans le pire des scénarios, reste la Lune. La sonde Luna Prospector a en effet permis d'y repérer, en 1998, la présence de glace polaire. Estimée à 300 millions de tonnes, cette réserve couvrirait les besoins de 2 000 personnes pendant un siècle, sans recyclage. Reste à l'acheminer sur terre…

(Suite de la page 31) En d'autres domaines, d'heureuses initiatives comme les acquisitions massives menées par le Conservatoire du littoral ou le développement des parcs nationaux et régionaux ont tracé des limites à l'urbanisme sauvage menaçant des espaces fragiles. Depuis 1964, la définition de six grands bassins pour l'eau a permis d'imposer une taxe soumise, pour la première fois, au principe du « pollueur payeur ».

Du particulier aux industriels, chacun est soumis à une taxe selon des coefficients techniques de pollution. Ces structures technocratiques ayant démontré leurs limites, de nouvelles dispositions, prises en 1992, ont introduit des schémas d'aménagement et de gestion des eaux, mieux à même de répondre, à l'échelon local, aux besoins réels en eau propre et retraitée.

Du côté de l'agriculture, la prise de conscience est récente. Pendant les Trente Glorieuses, le productivisme était le cap à suivre. D'où remembrements à tout-va, apports d'engrais d'autant plus massifs que les sols s'épuisaient rapidement, mécanisation exponentielle... Le milieu naturel n'est pas resté indemne. L'eau, notamment, est menacée par les apports considérables en nitrates, phosphates et pesticides. Quant aux remembrements, une fois haies et talus détruits, plus rien ne retient les sols, ni ne contrarie le ruissellement des eaux.

A la décharge du monde agricole, on peut invoquer les pressions des grands groupes de distribution et le changement radical de nos pratiques alimentaires : la demande sociale a promu en droit sécurité alimentaire, peur du cholestérol, portions individuelles, plats surgelés et régimes allégés.

L'opinion sensibilisée fait indirectement pression pour une agriculture plus propre. L'agriculteur de l'an 2000 hésite entre deux chemins. L'un le conduit à une agriculture toujours aussi productiviste de type très libéral si aucune autorité ne réoriente son désir de croissance. L'autre mène l'exploitant, avec l'appui de subventions, dans une production plus raisonnée, de qualité et soucieuse de l'aménagement du territoire. Après s'être beaucoup servis de la Nature, les paysans sauront peut-être mieux la servir en devenant les jardiniers et paysagistes du siècle qui commence. ■

CHAPITRE TROIS

Territoires du travail

Va-t-on travailler plus libre demain ?

La fin programmée du travail salarié

Si on écoute les oracles les plus optimistes, le plein-emploi n'est même pas pour demain : il est à portée de main. Au rythme où baisse le chômage, et sous l'effet du recul de la démographie, dont on ne saurait se féliciter, le meilleur surviendra au cours des toutes prochaines années. Mieux, la nouvelle économie et les nouvelles technologies ouvriront des perspectives à ce point réjouissantes que des théories un peu tombées en désuétude, comme celle des cycles de Kondratieff, reviennent au goût du jour et seront à nouveau en mesure de tout expliquer. Après une longue période de crise, voire de récession, nous serons en passe d'attaquer une phase d'au moins vingt-cinq ans, elle aussi propice aux enchaînements vertueux.

Toute comparaison gardée, nous voilà donc à l'aube d'un cycle qui serait semblable à celui qui s'est déclenché, au milieu du XIXe siècle, avec l'avènement du chemin de fer. D'ailleurs, les créations d'emplois témoignent de l'ampleur de la reprise. Et de sa vigueur.

Evidemment, rien ne sera aussi simple, même s'il faut accepter comme une excellente nouvelle le fait que, avec la croissance forte retrouvée - et pour longtemps, espérons-le -, nous soyons certainement en position de récupérer la première des libertés au travail. Celle de pouvoir plus ou moins choisir notre emploi, grâce à l'abondance de l'offre qui se manifeste déjà au travers de la pénurie de main-d'œuvre dans certains secteurs, et les signes de tension sur le marché du travail. Pour le reste, l'avenir ne ressemblera sûrement pas au modèle du travail, et de l'emploi, tel qu'il est issu des Trente Glorieuses et que nous nous évertuons à considérer comme immuable, en dépit des mutations qui n'ont pourtant cessé de se produire depuis un quart de siècle.

Même si le salariat demeure extraordinairement majoritaire, statistiquement du moins, le règne du contrat à durée indéterminée à temps plein, et si possible à statut, conçu au temps de l'ère industrielle hégémonique, a vraisemblablement vécu.

Une autre réalité se fait jour, appelée à perdurer. Au-delà des situations précaires imposées par la gestion conjoncturelle de ce qu'on a appelé la *(Suite page 46)*

Finis les conseils d'administration à huis-clos. La loi sur la gouvernance oblige les entreprises à associer leur personnel aux grandes

Le comité athénien

Associer davantage les salariés à la conduite de l'entreprise, leur faire partager les fruits de sa croissance, en faire des partenaires... : un vieux rêve, tenu par les uns comme une conquête sociale et démocratique, par les autres comme un gage d'efficacité. Depuis les phalanstères de Charles Fourier, socialiste utopique du XIXe siècle, jusqu'à la participation gaullienne en passant par toutes les formes d'autogestion et d'organisation coopérative, les idées n'ont pas manqué mais sont toujours restées marginales sur le terrain. L'actionnariat salarial semble aujourd'hui une voie nouvelle. Disposer d'actions, c'est non seulement espérer toucher des dividendes, c'est aussi pouvoir utiliser son droit de vote. Le nouveau visage de l'économie moderne, bien moins axé sur les tâches de production que sur les services, favorise cette évolution. Les avancées technologiques permettent l'instauration de nou-

François Poulain

décisions. Le PDG mérite-t-il d'être augmenté ?

velles relations dans l'entreprise : « le travail n'est plus un face-à-face entre un homme et une machine, mais un tête-à-tête entre deux personnes », souligne un spécialiste du travail, Bernard Brunhes. La communication, les savoir-faire intellectuels deviennent les moteurs essentiels de l'entreprise. Cette valorisation des ressources humaines tend à modifier la gestion du salariat dans l'entreprise, et son auto-perception. Il n'est plus compris comme une collectivité, mais comme une somme d'individus.

Le mobil-bureau

Avec l'Internet, les téléphones portables, à présent reliés au Web par la technologie Wap, ou encore la visioconférence, la notion d'espace est bouleversée, jusque dans le monde du travail. A nouvelle géographie, nouveaux comportements. Déjà, pour les emplois sollicitant de nombreux déplacements, dans les domaines du conseil et de l'audit par exemple, le consultant est rarement présent dans les locaux de l'entreprise qui l'emploie. De plus en plus souvent, il n'a même plus de bureau nominatif. En revanche, il est muni d'un téléphone et d'un ordinateur portables. Le télétravail dépasse le simple travail à distance : il s'agit également de transmettre les données par les réseaux de télécommunication. Si le télétravail est encore limité – 16 000 à 18 000 télétravailleurs en France en 1999, selon l'Association nationale pour le développement du télétravail et de la téléformation –, les prochaines années devraient donner lieu à son explosion. Face à ces transformations, des sociétés proposent désormais d'héberger ces travailleurs nomades, pour un jour ou une semaine. De leur côté, afin de capter ces télétravailleurs, les compagnies aériennes offrent désormais la connexion à Internet à bord des avions. Dans le domaine de la construction automobile, la Pangea (photo), un prototype de Renault dévoilé lors du Salon de l'Automobile de Genève en 1997, illustre l'adaptation possible des véhicules à ces usages futurs. Conçu à l'intention des scientifiques, ce véhicule tout-terrain est de plus hautement ergonomique, une première dans le domaine de la construction automobile. La Pangea est équipée d'instruments de mesure, d'une caméra panoramique facilitant l'observation scientifique. Un système de transmission par satellite ultra-perfectionné permet aux chercheurs mobiles d'envoyer le résultat de leurs investigations. Ce qui différencie la Pangea du véhicule purement utilitaire est son aménagement, soigné et confortable.

Pierre Moreau

Après le mobil-home, le mobil-bureau ! Ordinateur, imprimante, fax... : les voitures d'entreprise permettent aux commerciaux en déplacement d'avoir leur bureau sous la main.

(Suite de la page 43) crise, la mondialisation (ou plutôt la globalisation) ainsi que les nouvelles technologies ont abouti à la multiplication des formes et des statuts d'emploi, sans doute de façon durable, si ce n'est définitive. L'éclatement de l'emploi et du travail ne sont pas de vaines expressions : elles s'inscrivent, avec l'éclatement de l'entreprise elle-même, dans un contexte de transformations radicales.

Entre le travail à temps partiel, les contrats à durée déterminée, l'intérim, demain peut-être le travail défini par la mission ou le projet, et, déjà, la sous-traitance individualisée ou le travail indépendant qui ne dit pas toujours son nom, le plein-emploi que nous voyons poindre n'a rien de commun avec la représentation que nous en avons. Il se conjuguera désormais avec la gestion, personnelle, de l'incertitude, y compris sous couvert de la formation ou de l'orientation tout au long de la vie.

Autant d'exigences qui pourraient très bien renvoyer aux responsabilités individuelles, pour le maintien de sa propre « employabilité » ou de ce que l'on nomme parfois « l'entreprise de soi ». Dans ces conditions, qui seront celles d'un futur dominé par la société informationnelle et les travailleurs du savoir, chers à Jeremy Rifkin[1] autant qu'à Robert Reich[2], notre liberté au travail se paiera au prix fort. Sans parler des déconvenues de l'Etat-providence, elle s'échangera contre l'abandon des garanties maternantes de la société taylorienne et, plus encore, fordiste. Même la réduction du temps de travail, inscrite dans une logique historiquement avérée qui dépasse la simple application des 35 heures, peut ne pas dégager de nouveaux espaces de temps libéré. Autrefois distincts, le temps de travail et le temps hors travail s'interpénètrent sous l'effet des nouvelles technologies et des changements de l'organisation du travail.

Auteur d'un livre qui a fait date, *Changer d'ère*, Jacques Robin[3], infatigable agitateur d'idées, se projette dans cet avenir avec détermination. Si le développement durable est « d'abord une disposition d'esprit » qui vise à préserver l'avenir en conciliant un développement économique avec le respect de l'environnement, encore faut-il que celui-ci porte une égale attention aux questions sociales. Mais les mutations qui s'annoncent confirment également ce que Jacques Robin lui-même

Le travail doit être repensé autrement

pressentait. A savoir, que « l'information prise comme une grandeur physique mesurable », certes exprimée en bits, « a produit des technologies inédites » qui ne sauraient se confondre avec une quelconque troisième révolution industrielle, à laquelle on s'acharne trop souvent à la réduire pour raisonner, par analogie, en référence à l'époque précédente de l'énergie.

Or, cette ère de l'information « grandeur physique mesurable » transforme les problèmes sociaux, et par conséquent le travail, car elle bouleverse les conditions de production de richesse, moins liées au labeur humain proprement dit, mais intègre au contraire d'autres éléments plus immatériels tels que la santé ou l'éducation, par exemple.

A la suite de Dominique Meda, auteur d'un livre sur ce thème[4], il faut s'interroger sur ce qu'une société doit considérer comme étant une richesse, qui ne se mesurerait plus uniquement par la production de biens matériels, et sur ce qui donne du sens à la vie. Les travaux d'évaluation de la Cnuced (Commission des Nations Unies pour la coopération et le développement) vont déjà dans ce sens. Ils tentent d'incorporer des indicateurs qualitatifs pour dépasser le simple calcul en termes de PIB (produit intérieur brut) qui a tendance à aggraver les inégalités entre le Nord (industriel) et le Sud disposant de ressources naturelles, de même qu'il masque les inégalités internes à chaque pays, « le Sud étant présent dans le Nord et inversement. »

Il serait temps de reconnaître que l'économie est « plurielle », composant un ensemble pour tous où se superposent des logiques différentes et contradictoires « qui doivent être protégées » en tant que telles et vont jusqu'à « l'économie solidaire », en plus de l'économie sociale, à la frontière de ce qui relève du « don ».

Dans ce contexte, le travail doit être repensé autrement et, à côté de la production classique, est appelé à intégrer une multitude d'activités, dont celles dites de proximité, qui butent actuellement sur des obstacles dus à leur faible solvabilité. Il faudra aussi, notamment pour ces activités-là, parvenir à des logiques de « distribution pure », à ne pas confondre avec la redistribution.

Il ne saurait cependant y avoir d'économie plurielle sans la reconnaissance de « monnaies *(Suite page 51)*

Plus de retraite ou si peu, il faut continuer à travailler. La « Net-économie » offre aux seniors des postes d'opérateur de saisie : peu

Géraldine Hervé

qualifiés, mal payés. Les papys bosseurs font grève…

Papys en grève

En 1995, les plus de 60 ans formaient près de 16 % de la population française. À la fin du XXIe siècle, ils représenteront 30 % de la population mondiale, contre 10 % en 1995. Les départs en retraite de la génération du papy-boom ne seront pas compensés par l'arrivée des jeunes sur le marché du travail : à l'horizon 2040, à 100 actifs correspondront 163 retraités. Afin de pallier la baisse de la population active, deux solutions sont envisageables : le recours à l'immigration ou le maintien des sexagénaires dans la population active. Si l'on opte pour cette dernière solution, l'alternative pour les papy-boomers est toutefois inconfortable. Sauf à avoir un très haut niveau de compétence – ils seront alors recrutés au titre de consultants –, ces seniors seront majoritairement destinés à des tâches subalternes. Tout travail physique étant à exclure, il n'est pas tout à fait impossible qu'on les retrouve derrière des caisses de supermarchés ou devant des écrans d'entreprises Internet affectés à des tâches de saisie ou de suivi des commandes… Cette issue n'est pas une fatalité si les papy-boomers se tournent d'ores et déjà vers la formation. Car leur seule expérience ne suffira pas : ces sexagénaires devront maîtriser les nouvelles technologies et actualiser leurs méthodes de travail. Dès l'âge de 40 ans, tous les salariés doivent pouvoir bénéficier d'une formation, plaide la sociologue Anne-Marie Guillemard : « C'est nécessaire pour les requalifier et entretenir leur "employabilité". Cette politique de maintien des salariés âgés dans l'emploi aura, en plus, un impact positif sur les retraites », assure-t-elle.

(Suite de la page 47) également plurielles», correspondant à chacun des usages. Une hypothèse qui provoque l'ire des Banques centrales et bien sûr de la Banque de France, mais qui a pourtant un début d'existence puisque, sans compter les fameux SEL (systèmes d'échanges locaux), les établissements financiers ou commerciaux ont multiplié leurs monnaies électroniques et des entreprises, à l'instar des compagnies aériennes avec leurs «miles», ont créé leurs propres monnaies d'échange.

Parallèlement aux monnaies thésaurisables et permanentes, telles que l'euro, le yen ou le dollar, pourraient apparaître des monnaies non thésaurisables, «fondantes», qui serviraient à la consommation interne de produits mais surtout de services ou d'activités.

Ici se rejoignent d'autres préoccupations. Bien loin de «la fin du travail», maladroitement popularisée par Jeremy Rifkin, la perspective qui s'ouvre est celle de la fin «d'un travail», du salariat certainement, qui admet enfin «la diversité considérable des activités humaines», prend en compte «les travaux d'activité d'initiative individuelle ou à plusieurs», les «activités nouvelles» et les rémunère au sein d'une économie pleinement plurielle. Il faut mettre en action «les capacités humaines de tous», poursuit Jacques Robin, «ces capacités immenses et solvabilisables». Pour lui, comme pour d'autres, cela passe inévitablement par la définition d'un «revenu minimum, permanent et décent pour tout le monde» qui s'ajouterait au revenu du travail. Utopie ? Ce revenu permanent serait «dédié à la consommation à court terme» ; il refléterait la richesse qui ne se cantonne pas au PIB mais englobe tous les besoins de l'être humain.

De façon tout à fait significative, ce schéma idéal coïncide avec les réflexions futuristes avancées par Félix Guattari[5]. Sous le titre «Pour une refondation des pratiques sociales», le psychanalyste et philosophe reprend presque terme pour terme les mêmes analyses et aboutit aux mêmes conclusions. Il y ajoute que tout ceci devrait déboucher sur une «écosophie» qui ne serait pas éloignée du développement durable. Et lui assigne pour tâche de reconstruire les bases de la démocratie, gage de la liberté, au travail comme dans la société. ■

CHAPITRE QUATRE

Territoires des transports

Va-t-on remettre la voiture à sa juste place ?

Les Français ne sont pas près de céder le volant

La naissance des siècles étant bien souvent illusoire ou improbable dans les esprits, le XXe s'est tantôt habitué à céder au culte de 1900, règne de la Belle Epoque, ou à voir dans le 3 août 1914 l'aveu d'une inexpiable barbarie sonnant l'ère des masses. Tout dépend, au fond, du point d'observation. Car, en termes techniques, 1909 est sans conteste la borne idéale : d'un côté Blériot franchit la Manche ; de l'autre, l'automobile, jusqu'alors objet d'un luxe insolent, passe brutalement aux mains des professions libérales d'abord, des représentants de commerce ensuite.

Un nouvel instrument de travail est né. Aussi faut-il insister sur cette « révolution automobile », participant d'une révolution plus large des transports placée sous le signe de conquêtes, d'aventures, de limites repoussées ; en d'autres termes, du mythe. Du reste, dans la liste des héros du siècle passé, figurent aux côtés des grands sauveurs de l'humanité bon nombre de ces conquérants du temps aboli, accéléré, compressé, qu'ils ou elles se nomment Hélène Boucher, Saint Exupéry, Mermoz, Jacqueline Auriol.

Les grandes nations industrialisées se sont donc construites et pensées dans un désir d'appréhender un espace de plus en plus étroit.

Particularité hexagonale : la France, contrairement à d'autres pays européens, ne s'est pas développée à partir de ses ports ou de ses relations maritimes. Ce qui lui a imposé des efforts d'infrastructures coûteux, à la différence des villes hanséatiques qui s'appuyaient à chaque fois sur un *hinterland* puissant. Dès lors, ce besoin d'infrastructures a renforcé le pouvoir central (royal, impérial, républicain), qui en a fait l'instrument de sa domination. Le centralisme parisien s'explique en grande partie ainsi.

Nous en sommes arrivés aujourd'hui par les nouvelles technologies et l'Internet au « déplacement immobile » imaginé par le romancier Frank Herbert[1] dans son énigmatique *Dune*. Demain, par les voies du cyber-supermarché, des norias de camionnettes de livraison à domicile rendront sans doute inutiles les parkings éventés ou surchauffés des grandes surfaces des périphéries urbaines. Mais le déplacement immobile, à y bien regarder, ne se contente pas de fonder une société individualisée *(Suite page 59)*

Pour désengorger le triangle de Rocquencourt, une autoroute parallèle a été construite. Elle plonge sous le château de Versailles.

Médiacryptage

Parfois, la Galerie des glaces vibre…

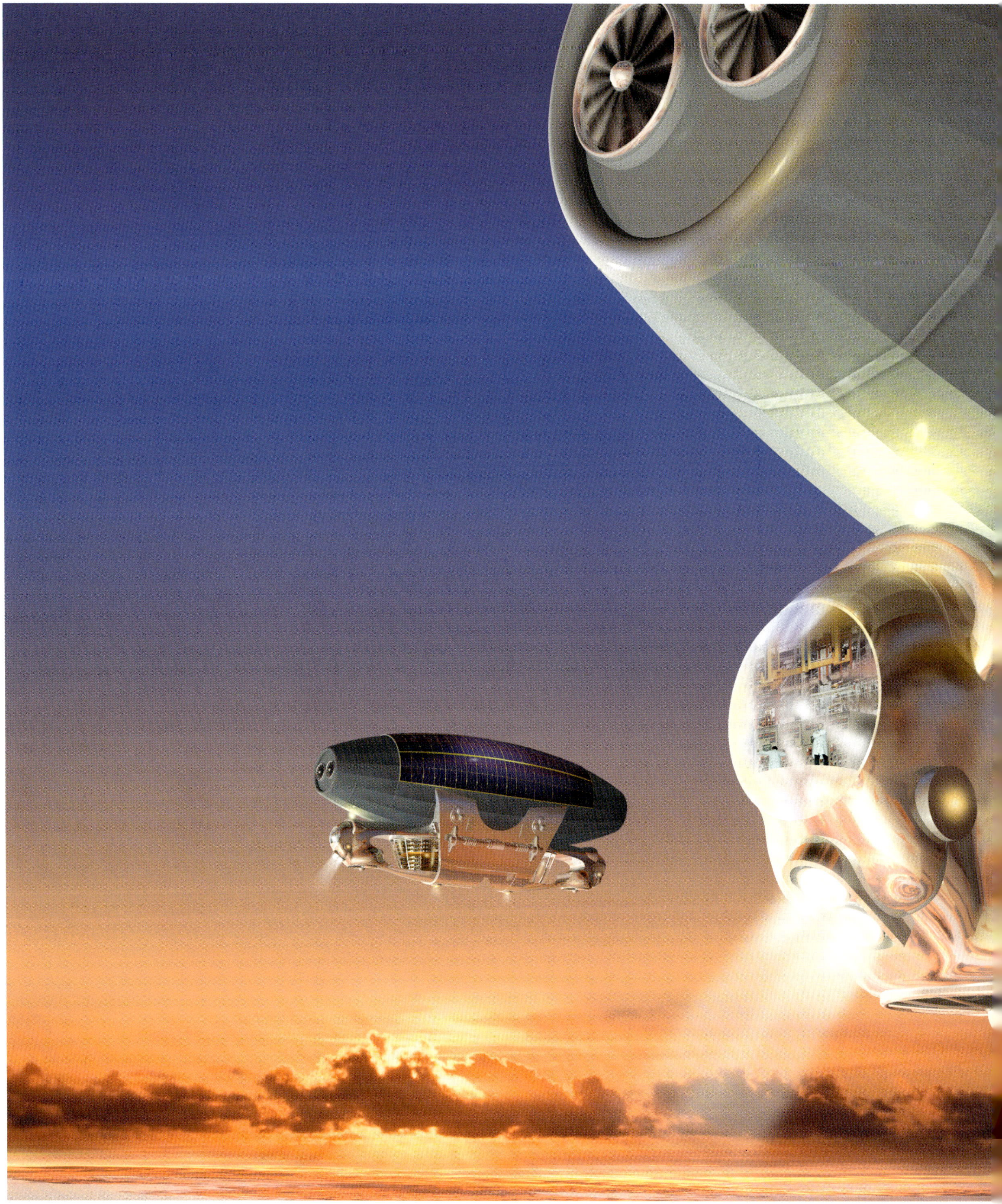

Oubliées les nuisances des avions cargos : le fret aérien est pris en charge par des dirigeables géants. Ces « péniches des airs »

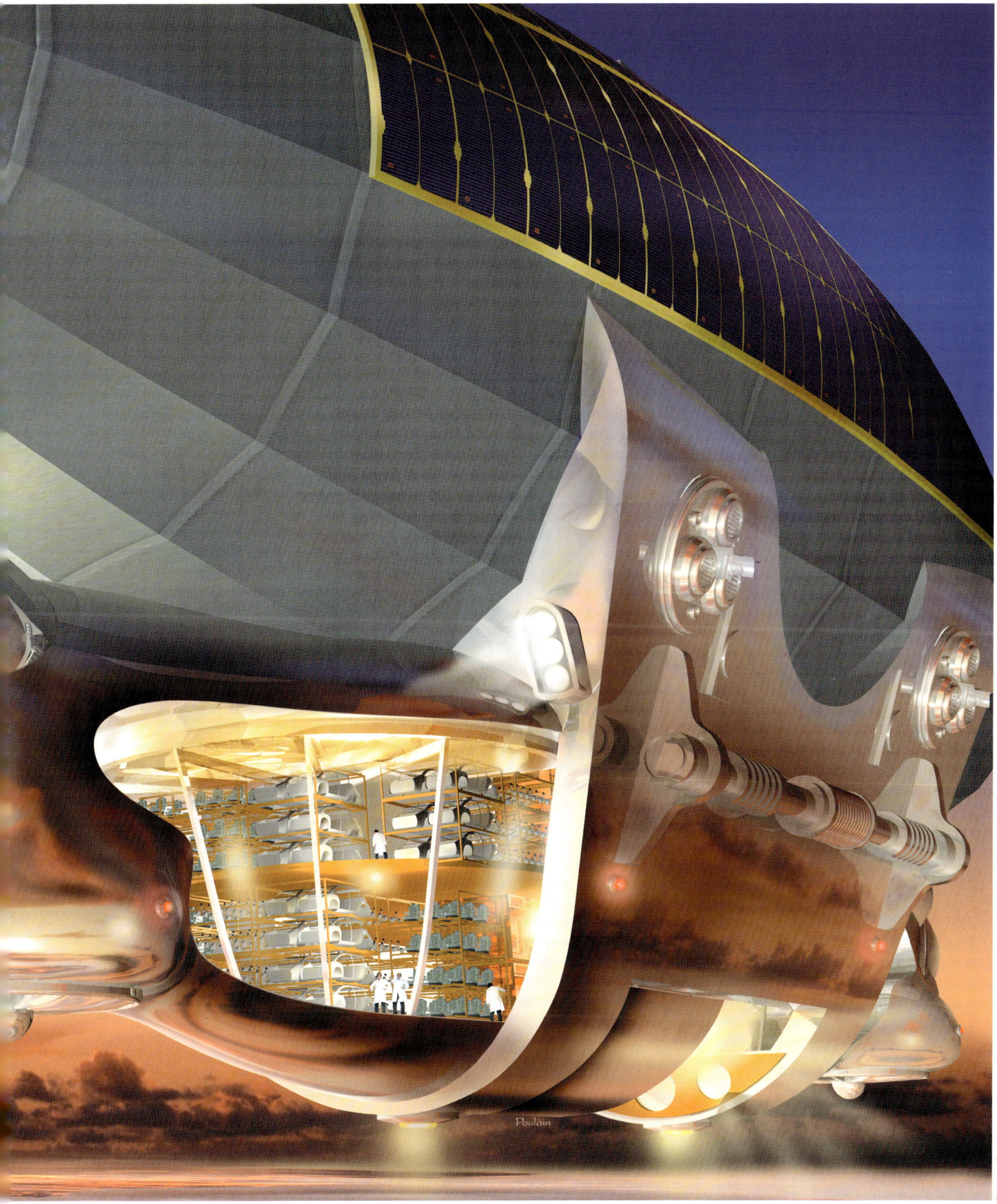

François Poulain

glissent sans bruit dans l'atmosphère...

Le tunnel de Versailles

Construire des tunnels, les sociétés de BTP savent faire. « Creuser un tunnel sous le château de Versailles est tout à fait possible techniquement. souligne François-Xavier de Malherbe, directeur des travaux chez Bouygues. Encore faut-il que cela soit souhaitable et que les parties prenantes donnent leur accord… » En l'admettant, après sondages du terrain, la percée s'effectuerait en amont, à environ 200 mètres de l'esplanade située devant le château.
La profondeur est une donnée essentielle. Un percement proche de la surface peut provoquer en effet des fissures, puis des affaissements des bâtiments situés en surface. La présence de roches karstiques augmente les risques d'effondrement. Les sondages effectués avant chaque percée permettent de connaître précisément ces facteurs de risques. Les abords des monuments historiques sont cependant protégés par la loi du 31 décembre 1913, dont la philosophie est d'éviter une rupture entre le monument et le paysage qui l'entoure. Ainsi les bâtiments situés dans un rayon de 500 mètres sont également protégés. Une directive de protection et de mise en valeur des paysages préserve ainsi les vues proches et lointaines de la cathédrale de Chartres, depuis l'arrêté du 26 mai 1997.

Le percement d'un tunnel doit pouvoir se justifier auprès des contribuables, en termes d'évitement ou de desserte. La conjoncture actuelle dans le domaine des constructions routières évoque plutôt un risque de saturation. En1998, le kilométrage mis en service par an était de 329. En 1999, on n'en prévoyait plus que 160. François-Xavier de Malherbe ajoute qu'au regard des usagers, « d'autres ouvrages pourraient être entrepris, mais se pose ici un critère de rentabilité ». Ainsi de nombreux projets ont dû être abandonnés (A400, A51, A58). De même, l'objectif fixé par la loi Pasqua de 1995 prévoyant qu'aucun Français ne serait à plus de 50 km d'une voie rapide a dû être révisé.

La péniche des airs

L'utilisation de dirigeables géants paraît une solution séduisante et originale pour assurer le transport de fret ne nécessitant pas des temps de livraison très courts. Un dirigeable d'une capacité de 500 tonnes devrait pouvoir atteindre la vitesse de 120 km/h. Pilote-exploitant de dirigeable, Pierre Ponomareff, animateur de la Commission Dirigeables de l'Aéro-Club de France, cellule de veille sur cette technologie, croit même en un appareil presque sans nuisance pour l'environnement, qui serait motorisé à l'aide d'une pile à combustible. Aucune donnée scientifique n'empêche cette conversion, souligne-t-il. Encore faut-il que l'on puisse alléger et donc miniaturiser la pile à combustible. L'emploi de l'énergie solaire peut être envisagé en appoint ; cela suppose que l'on puisse la stocker en prévision de déplacements nocturnes ou par temps couvert…
La surface de parking est également à prendre en compte : le projet russe Thermoplan – un dirigeable de forme lenticulaire de 200 mètres de diamètre – nécessite une surface au sol comparable à celle du Stade de France. Cet appareil pourrait transporter une charge de 600 tonnes à une vitesse de 80 km/h. Sous sa forme traditionnelle, le même dirigeable nécessiterait un parking de plus d'un kilomètre de diamètre.
Quant à l'altitude, aucune limite n'est imposée. Des dirigeables se promèneront d'ici à cinq ans à 20 000 mètres d'altitude, faisant office de relais téléphoniques.

(Suite de la page 53) à l'extrême mais annonce, plus profondément, une évolution de l'espèce. Déjà, *homo erectus* a été remplacé par *homo sedens*. Car la combinaison de la bureautique, des loisirs télévisuels et de la conduite automobile mènent à la raréfaction d'un geste fondateur : le pas.

Or, et justement, la révolution automobile eut ceci de particulier qu'elle introduisit dans tous les espaces de marche d'un pays encore très fortement rural comme la France avant la Seconde Guerre mondiale, une concurrence nouvelle que la linéarité forcée des rails n'avait guère entamée. Pas des hommes ou pas des bêtes, occupation insouciante des routes, chevaux connaissant le chemin de l'étable pour pallier le sommeil du charretier, en somme toute forme de vagabondage répétitif se cogna soudainement à la brutalité des voitures mécaniques. En corollaire, le bruit, la poussière, les accidents provoqués par ceux qui se nommèrent vite les chauffards donnèrent à la diffusion automobile une violence qui ne s'est guère démentie, ni dans son contenu, ni dans ses formes. De fait, la vitesse, qu'elle soit routière ou aérienne, peut être nuisance. En termes de pollution, les émissions des gaz d'échappement ont augmenté de 31% entre 1980 et 1991 alors même que voitures et camions sont près de dix fois moins polluants au plan technique. Que s'ajoutent la trépidation et le bruit des roulements, le passage des TGV ou la proximité des aires d'envol, et certaines villes deviennent le symbole de l'horreur moderne. Situation paradoxale et née d'un profond déséquilibre des équipements. Car si la centralisation poussée à l'extrême a bien doté les grands centres-villes en moyens de transports en commun rapides, les déficits d'aménagement du territoire n'ont cessé de contraindre ceux et celles ayant choisi de vivre en périphérie ou, directement, à la campagne d'être les premiers pollueurs, comme c'est le cas en Ile-de-France.

En effet, et le phénomène est général, si les Français se déplacent globalement moins qu'il y a trente ans, la longueur des parcours n'a cessé de s'accroître, tant à titre professionnel que privé. Cause ou conséquence, les schémas d'aménagements routiers participent de l'impérieux besoin de relier au plus vite deux points extrêmes sans se soucier des interconnexions possibles. Il suffit, pour s'en convaincre, de comparer le dense maillage des autoroutes allemandes, gratuites, et les tracés à coups de serpe de leurs homologues françaises.

D'évidentes considérations politiques ou technocratiques ont certes présidé à ces choix dans un Etat où, en quantité brute de routes, la densité était remarquable mais d'une exécrable médiocrité comme le soulignait Arthur Young[2] à la fin du XVIIIe siècle. Mais la responsabilité des seuls pouvoirs publics ne suffit pas à expliquer ce qui, au fond, relève d'un consensus routier.

Au lendemain de la Première Guerre mondiale, bien peu de routes avaient été goudronnées mais la densité ferroviaire était exceptionnelle. Aux grandes lignes héritées des conventions de 1832 entre l'Etat et les compagnies de chemins de fer s'ajoutaient les chemins de fer départementaux et, ce que l'on a trop souvent oublié, les voies d'intérêt local, ces tramways ruraux à l'utilité certaine mais sources d'accidents sans fin. Or, la disparition de ces transports de proximité tint moins à la concurrence nouvelle instaurée par la route qu'à un défaut initial de conception : ils n'avaient pas vocation à l'acheminement du fret ou des productions agricoles destinées à alimenter les grands centres urbains.

De ce fait, l'avènement des camions fut aussi rapide que définitif. En somme, culturellement, le ferroutage, banal voire évident dans d'autres pays, ne s'est pas développé en France. N'oublions pas non plus qu'à l'inverse de voisins dont l'organisation de l'espace était plus avancée que la nôtre au début du XXe siècle, la France n'a cessé de recomposer ses zones d'activité et d'habitation par-delà les années marquées par l'impropre phénomène de l'exode rural.

Espace vivant, car espace en perpétuel mouvement, la France a du mal à définir à long terme des politiques d'aménagement routier car l'instabilité des flux d'activité et de population apparaît comme une donnée majeure du développement

La France malade de ses transports n'est donc pas un mythe

national. Du reste, l'ironique « Elle court, elle court la banlieue » de Nicole de Buron[3] (à partir du livre de Brigitte Gros[4]) illustrait bien, au plan individuel, l'incapacité des acteurs d'envisager leur situation professionnelle avec les conséquences spatiales qu'elle engendrerait. Il n'y a donc rien de très surprenant qu'aujourd'hui les grandes incantations venues de l'écologie politique stigmatisent l'absurdité ou la nuisance de tel ou tel tracé autoroutier ou de TGV pour l'environnement et le patrimoine.

Dans ces conditions, le culte de la « bagnole » et de la liberté automobile pouvait encore être célébré en 1992 par un sondage Sofres auprès des Français qui, à 80 %, utilisent leur voiture pour se rendre à leur travail. Or, même si le chauvinisme automobile s'estompe aujourd'hui, et que la fidélité aux marques hexagonales ne se transmet plus de parents à enfants, les grands constructeurs ont longtemps vendu l'image patriarcale et très « Français moyen » de leurs produits. D'où ce retard à s'intéresser aux femmes, voire aux jeunes, et à fabriquer des voitures citadines, à défaut d'être citoyennes. La France malade de ses transports n'est donc pas un mythe. Reste qu'à côté d'expérimentations partagées par les autres grands pays industrialisés (généralisation du GPS [Global positioning system] et des aides à la conduite, multiplication de plates-formes de transbordements routiers en périphérie pour désengorger les centres, taxation des véhicules les plus polluants) demeurent quelques spécificités nationales.

D'abord des réticences à produire massivement des engins propres (électriques ou fonctionnant au GPL) ou à appliquer vraiment la pénalisation des fautes de conduite. Invoquer, pour se dédouaner, le poids du « lobby automobile » français, présenté au même degré de nuisance que le « lobby militaro-industriel » américain des années-Vietnam ou celui des cigaretiers, ne suffit pas à expliquer les hécatombes rituelles des week-ends prolongés. L'après-Première Guerre mondiale avait vu la naissance, à la loterie nationale, des tirages des Gueules cassées. On n'est pas loin, avec près de 10 000 morts chaque année sur la route et des centaines de milliers de blessés, de semblables volumes d'infirmités. Il ne faut tout de même jamais oublier que la France est l'un des pays européens dont la densité démographique reste la plus faible, ce qui accroît les distances, le coût des infrastructures et les risques d'accident.

La route n'est plus seulement un non-lieu, elle tend à devenir, comme le note un rapport de l'Inrets (Institut national de recherche sur les transports et leur sécurité) de juin 2000, une zone de non-droit où personne ne respecte rien. Plutôt donc que d'agiter, pour la bonne conscience, le chiffon rouge de la pollution au dioxyde d'azote, les routes du futur ne peuvent se borner aux aménagements de surface qu'autorisent désormais les innovations de l'entreprise Colas (« Colsoft » pour atténuer considérablement les vibrations de roulement et « Coldry » pour des surfaces sèches par temps de pluie) : la France attend encore sa police de la route. ■

L'aéroport de France

Le nombre de vols traversant l'espace aérien français a augmenté de 8 % en 1999. Les mouvements d'avions sont estimés à plus de 700 000 par an pour Paris. Les cieux vont-ils finir par être totalement embouteillés ? Pour Philippe Jacquart, ancien directeur de la navigation aérienne, « la véritable saturation n'est pas celle du ciel, mais celle du système de contrôle ». Des solutions futuristes sont à l'étude pour doter, par exemple, chaque avion d'un système de navigation et de repérage autonome.

Une autre perspective envisagée est « l'approche en courbe des aéroports. Cela permettrait de réduire la phase d'approche, qui est aujourd'hui de 50 km », explique Lionel Maugis, ingénieur en aviation civile au Centre d'études de la navigation aérienne. Une solution plus radicale serait de réduire le trafic aérien. En privilégiant, par exemple, les très gros porteurs sur les axes les plus fréquentés. Sur les 14 800 appareils qui seront vendus d'ici à 2020, plus de 1 200 auront une capacité d'au moins 400 sièges, tel l'A3XX (800 passagers en version charter). Reste à adapter l'infrastructure aéroportuaire à ces géants du ciel : seuls 20 aérodromes dans le monde sont actuellement équipés pour recevoir l'A3XX et ses ailes de 80 mètres... Une autre voie consiste à supprimer tous les vols domestiques. Une seule plate-forme, le Très Grand Aéroport International, assurerait l'ensemble des vols extérieurs. Ses pistes seraient conçues pour accueillir les très gros porteurs. Le TGAI serait relié avec l'ensemble de la France par des navettes TGV. L'espace aérien retrouverait une certaine quiétude et l'environnement souffrirait moins…

Chayan Khoï

Espace aérien saturé: les vols intérieurs ont été interdits. Il reste un seul aéroport, au cœur de la France, desservi par TGV.

CHAPITRE CINQ

Territoires de vie

Vivre à la campagne avec les commodités de la ville ?

De nouvelles raisons d'être pour les centres-villes

Elles ont annexé des communes, des villages, des bourgs de plus en plus lointains : depuis une cinquantaine d'années, les villes n'ont cessé de s'étirer, de se dilater, de s'étaler selon un mouvement irrésistible mais sans véritable plan d'ensemble. Leurs frontières se sont diluées, des espaces indéterminés ont surgi. L'urbaniste François Ascher parle de « métapole ». La vie économique et sociale n'a-t-elle pas changé d'échelle, passant de celle du quartier à celle d'une agglomération étendue, distendue, discontinue, polynucléaire, hétérogène ? Les « rurbains » parcourent des distances quotidiennes de plus en plus grandes, le trafic routier augmente, les effets sur l'environnement sont critiques… Mais pour quel confort de vie ?

Ce paysage – près de quatre Français sur cinq vivent aujourd'hui en zone urbaine – plonge ses racines dans l'après-guerre : alors, l'explosion démographique et économique dope les villes. Les « grands ensembles » constituent la première réponse à l'urgence du besoin de logements. Dans le même temps, le « fordisme » prend son essor, la France s'équipe en automobiles. Les ménages deviennent plus mobiles et indépendants des transports collectifs et vont s'installer aux franges des agglomérations.

Il est de bon ton aujourd'hui de pointer du doigt le manque de vision qui a prévalu à l'époque au nom de la stratégie du « parer au plus pressé ». C'est pourtant oublier un peu vite combien la modification radicale des décors a métamorphosé, souvent en bien, le quotidien de plusieurs générations. A la Libération encore, les intérieurs fixés par le photographe Henri Cartier-Bresson sont, en ville, d'une fascinante monotonie : exiguïté, promiscuité forcée entre parents et enfants, impossibilité de recevoir, sauf autour de l'unique table. En tout, absence de confort ou d'intimité et impérieux devoir de tout faire à la main. Quand ce ne sont pas les tinettes sur le palier, simple projection urbaine des cabanons de fond de potagers.

Dans les années 50 et 60, les ceintures urbaines françaises n'étaient pas seulement ces « zones » décrites par Apollinaire puis Céline : les bidonvilles régnaient en maître. Ils étaient nés de la conjonction de plusieurs causes : les destructions de la guerre, les migrations intérieures engendrées par *(Suite page 68)*

Depuis l'interdiction des voitures dans le centre de la capitale, la place de la Concorde est plantée de séquoias. Une coulée verte

Médiacryptage

s'étend du Louvre au pont de Neuilly...

La forêt de la Concorde

Une forêt de séquoias place de la Concorde pour limiter la pollution : un hectare de pelouse ne permet-il pas de fixer 1 000 m^3 de carbone par an et un hectare d'arbres 50 tonnes de poussières ? « Avec leurs 60 mètres de hauteur, leurs 2 à 3 mètres de diamètre et leurs 30 mètres minimum d'envergure, les séquoias permettent un stockage important du CO_2 », précise Michel Vallance, directeur de recherche à l'Office national des forêts. En outre, il suffit de cinquante ans pour constituer une forêt. Cependant, son effet serait sans doute plus esthétique qu'environnemental. « Le CO_2 est en cause dans l'effet de serre à l'échelle planétaire, mais d'autres composants, produits par les véhicules et contre lesquels la photosynthèse est inopérante, contribuent aussi à la pollution urbaine », explique Martine Boissavy-Vinau, ingénieur d'études à Air Parif, organisme qui assure la surveillance de la qualité de l'air en Ile-de-France. L'idée selon laquelle des forêts en milieu urbain constitueraient un « poumon » ne se vérifie donc pas, du moins pas entièrement. Il faut surtout moins circuler pour obtenir des effets tangibles. 30 % des trajets qui pourraient s'effectuer à pied, à vélo, ou en transport en commun se font en voiture. A Oslo, depuis plus de dix ans, un péage est en place à l'entrée de la ville. Athènes, Rome pratiquent la circulation alternée. L'essence sans plomb est obligatoire à Los Angeles.

(Suite de la page 65) les gains de productivité des campagnes de plus en plus mécanisées, le développement industriel à marche forcée au nom d'une modernité imposée à un pays foncièrement rural, l'absence d'une politique d'envergure en matière de logements. Dans l'ensemble, le Français est mal, voire très mal logé, et la terre battue reste présente dans les campagnes jusqu'à la fin des années 60, de même que, plus anecdotique, la lampe à pétrole.

Selon tous les sondages et toutes les enquêtes de satisfaction menés à l'époque, la majorité des nouveaux résidents des grands ensembles découvre avec délectation les bienfaits de l'eau courante et chauffée, de l'électricité, d'équipements intérieurs et collectifs inouïs pour l'époque. Surtout, à la promiscuité du logement des vieux centres urbains succède la conquête de l'espace « à soi » avec chambres individuelles et, nouveauté, le salon-salle à manger, plus tard affublé de l'inélégante qualité de « pièce à vivre ».

Derrière l'idée de la norme HLM se profilait l'idée que, dans un mouvement continuel de promotion sociale, ceux qui avaient accédé au confort HLM poursuivraient leur parcours et deviendraient ensuite propriétaires de leur logement individuel, pavillon ou maison. Ils devaient être remplacés par de nouveaux habitants ou immigrés qui partageraient le même rêve. La crise économique et sociale à partir de 1973 a mis fin à cette mobilité ascensionnelle. Des générations entières, victimes du chômage ou non, ont été prises au piège des grands ensembles. La fixité a été l'une des causes des tensions qui sont apparues dans les banlieues : il n'y avait plus espoir d'en sortir.

Avec l'incapacité de transformer nombre des « villes nouvelles » en nouvelles villes viennent les difficultés et la puissance des lacunes : rareté des transports en commun, des commerces de proximité, d'équipements sportifs ou culturels, en même temps que surgissent les problèmes de cohabitation interculturelle et de nouveaux bruits de voisinage issus des tout récents appareillages audiovisuels. Concurremment, les pratiques de sociabilité évoluent : la rue, naguère domaine des petits métiers et des enfants, devient royaume automobile et les cours d'immeubles, théâtre de rencontres des fins de semaine, perdent cette vocation unificatrice lorsque le week-end devient pratique sociale. Dans les bourgs ou les petites villes, la discothèque, apanage des jeunes, tue le bal pop' et intergénérationnel.

Pendant ces années, les vieux centres-villes changent eux aussi. D'un côté, la vague du tout-béton submerge certains quartiers qui ne conservent, de leur passé industriel ou artisanal, que leur nom. L'infrastructure commerciale change et se modernise. Epiceries, quincailleries, merceries ferment successivement à mesure que le prêt-à-porter et l'électro-ménager renouvelable rangent au magasin des accessoires la couture domestique et les impératifs quotidiens dictés par l'antique garde-manger. Avec la taxe professionnelle prenant le relais de la patente, ce sont les ateliers urbains qui glissent en périphérie, dont les terrains sont moins chers et parfois subventionnés par des communes en mal de rentrées fiscales.

De l'autre côté, loi Malraux et perspectives de villes-musées obligent, les ravalements et programmes de préservation patrimoniale retardent le massacre mais avec, encore une fois et au motif qu'il faut aérer les monuments historiques et autres sites *(Suite page 72)*

Les panneaux d'affichage nouvelle génération projettent des images vidéo. La vieille ville de Saint-Malo, malgré ses murailles, n'a

Fabrice Redlenfer

u empêcher l'invasion des écrans publicitaires.

Pub intra-muros

Les entrées de villes, longue succession de panneaux aux couleurs criardes, sont devenues méconnaissables et interchangeables. En 1979, le législateur a édicté une loi qui réglemente ces dispositifs. En 1990, 30 000 panneaux étaient installés sur des espaces appartenant à l'Etat. Aujourd'hui, le chiffre de 100 000 est atteint, 300 000 si l'on ajoute l'affichage sur les espaces privés. Ces affiches ne constitueraient que 40 % de l'ensemble de l'affichage publicitaire. Enseignes et pré-enseignes (annonçant un magasin à tant de kilomètres, etc.) dominent en effet le paysage péri-urbain. Le coût moindre des zones situées à proximité immédiate des axes routiers a favorisé l'installation des supermarchés et son cortège de panneaux. La taxe professionnelle reversée aux communes a pu favoriser cette urbanisation anarchique. En 1997, la loi Barnier a interdit toute construction sur une bande de 100 mètres de part et d'autre de l'axe central d'une autoroute, d'une voie express ou des déviations éventuelles. Pour les routes à grande circulation, cette bande est ramenée à 75 mètres. En 1998, une taxe professionnelle unique pour l'ensemble de l'agglomération a été mise en place. Cependant, 40 % de l'affichage resterait hors-la-loi, malgré un décret de 1996, qui soumet tout affichage à une autorisation préalable auprès de la préfecture. Les communes ont également obtenu de pouvoir restreindre les zones de publicité, dans le but de protéger le cadre de vie. A ce jour, seulement 2 000 réglementations (200 par an) ont été édictées.

(Suite de la page 69) ou objets classés, l'expulsion de milliers de familles hors des centres. En somme, là où Haussmann avait échoué, d'autres réussissent : les banlieues, déjà en mal d'identité, reçoivent donc ces anciens habitants intra-muros, doublement déracinés. Même les soupentes se vident, les escaliers de service s'empoussièrent, les lambeaux d'une fragile cohabitation de classes se délitent ; à terme, les solidarités de voisinage disparaissent totalement et les quartiers deviennent vraiment chics ou infréquentables à certains.

Mais l'héritage haussmannien pétri de théories fluidistes et hygiénistes va plus loin. A l'impossible cohabitation entre voitures et piétons répondent les rues piétonnes, censées ranimer les vieux-centres et qui, bien souvent, les maintiennent juste sous perfusion, les déserts nocturnes les muant en *no man's land*. En fait, dans une France peu encline à enfourcher le vélo, voitures et piétons ne peuvent faire bon ménage qu'à une condition : l'existence de larges trottoirs, ceux-là mêmes imaginés par Haussmann et qui, finalement, à un siècle et demi de distance, se révèlent compatibles avec les nouvelles exigences urbaines. Car sans flânerie, itinéraires hasardeux et rencontres fortuites, pas de ville, autant rester chez soi.

Quant aux périphéries, l'anarchique le dispute à l'efficace. ZI, ZAC, ZUP, ZPIU et autres sigles barbares de l'urbanisation nouvelle manière, signalent des greffons artificiels en plein champ mais que l'on accuse bien facilement là encore. Que certains quartiers de tours et de barres soient laids et inhumains, que les hangars industriels et commerciaux qui jalonnent les nouvelles entrées de villes soient disgracieux, nul ne le contestera. Mais, course au discount oblige, qui s'offusque vraiment de cette uniformité commode, de cette standardisation des rayons et des services de ces nouveaux grands bazars de tôle ondulée ?

Les sondages, là encore, ne trompent pas : les Français aiment leurs grandes surfaces, en font des buts de promenade familiale et se précipitent en masse à chaque nouvelle ouverture. D'ailleurs, si les politiques commerciales des grands groupes de distribution privilégiant le quantitatif au qualitatif favorisent, de fait, l'avènement de la mal-bouffe, combien de péri-urbains pourraient, rationnellement, profiter de centres-villes déjà surengorgés, parfois inaccessibles et pratiquant la discrimination de l'horodateur ? Plus qu'un mal nécessaire, la galerie commerciale est devenue fait social, rassurant, identitaire et qui permet à chacun d'un point à l'autre du territoire de retrouver ses produits, dans l'année comme en vacances, instaurant à la longue des rapports tangents à la ville.

Sur le fond, l'idée même de ville a-t-elle encore un sens ? Certes, les marchés recouvrent une seconde jeunesse, à mi-chemin de l'encanaillement agrarien et du culte des produits authentiques. Mais pour le reste, où commencent et où s'arrêtent les villes ? Quand les divisions administratives prennent le relais d'habitudes langagières, la ville se dilate en conurbation, agglomération, pays ou bassin, rendant soudain caducs les héritages révolutionnaires où communes, cantons et arrondissements s'emboîtaient dans une élégante et rassurante *(Suite page 77)*

La majeure partie des achats se fait désormais via Internet. Les colis de petite taille sont acheminés directement chez le client,

Fabrice Redlenfer

dans sa « boîte au Net », par tube pneumatique.

Sacré-Cœur express

En juin 1999, 500 000 internautes français ont effectué des achats en ligne, soit deux fois plus que six mois auparavant. Internet va-t-il bouleverser la physionomie des villes ? Les centres-villes n'ont pas attendu l'apparition de la vente en ligne pour voir disparaître, peu à peu, leurs commerces traditionnels. « Les centres commerciaux des entrées de ville ont été très néfastes aux commerces de proximité », constate Frédéric Nantois, architecte spécialiste des relations entre architecture et nouvelles technologies. Aujourd'hui, 87 % des Français se rendent dans une grande surface au moins une fois par semaine, et 20 % trois fois ou plus. Ils étaient pourtant 80 %, en 1998, à dire vouloir privilégier les commerces de proximité. L'objectif du déplacement n'est pas forcément la consommation. Le phénomène de mitage de l'espace français confère à ces zones commerciales un rôle de point de rencontres, d'espace de convivialité. Prix avantageux, facilité d'accès, variété des produits, la présence en un seul lieu de commerces de toutes sortes, allant de l'alimentaire à la réparation de voitures, permet en effet de rentabiliser le déplacement. La vente par Internet n'implique pas forcément sa substitution au commerce traditionnel, bien au contraire. Ainsi que l'envisage Frédéric Nantois, « l'apparition du commerce électronique pourrait très bien inverser cette tendance, c'est-à-dire redonner sa vitalité aux centres-villes, voire déprécier les centres commerciaux. » Plusieurs cas de figure sont imaginables. Le commerce traditionnel peut se lancer dans le commerce en ligne, et renouveler ainsi sa clientèle. Le pas-de-porte deviendrait la vitrine du site Internet. Autre scénario : la reprise du chemin des petits commerces, par un besoin de convivialité, de sociabilité. A l'extrême, il est envisageable que l'Internet supplante les hypermarchés. A dépenses égales, la livraison à domicile peut représenter un avantage déterminant pour la clientèle. Si l'apparition des centres commerciaux à la périphérie des villes a modifié le paysage urbain, les nouvelles technologies de l'information et de la communication influeront peut-être davantage sur le rapport à l'espace urbain. « De nouvelles exigences spatiales, et par là, une nouvelle conception de l'espace se produiront, selon Frédéric Nantois, sans pour autant imposer des implications formelles. »

(Suite de la page 73) géométrie de l'espace qui n'est plus de mise. Restent les franges de l'incertain, du « ni-ni », frontières bâtardes entre dedans et dehors. Mais finalement, si les couronnes de hangars, nouvelles fortifications de l'économique, rappellent bien un peu les anciens faubourgs, c'est surtout l'avènement de la maison individuelle qui s'impose. A l'ère des grands ensembles a succédé l'âge du lotissement et de la maison individuelle. Le pavillon de banlieue, jadis symbole du mauvais goût et de la vie chiche, devient le *nec plus ultra*, les intérieurs de grand-mères font les délices des nouveaux citadins en mal de racines, les maisons de campagne s'arrachent et se restaurent à qui mieux-mieux.

Vivre à la campagne ? Les nouveaux campagnards s'installent dans la périphérie des agglomérations, afin d'acquérir des terrains moins chers, dans des communes de moindre pression foncière. Bernard Kayser, géographe et spécialiste du monde rural, estime que jamais citadins et ruraux n'ont été plus semblables. Plutôt qu'aller chercher un ailleurs plus prometteur, pourquoi ne pas regarder à sa porte, suggèrent certains urbanistes. Pourquoi s'exiler quand des terrains vides sont si proches ? Il faut reconquérir des friches industrielles et des quartiers en déshérence, suggère François Ascher, récupérer des espaces urbanisés plutôt que gaspiller des espaces naturels.

Le chantier est récent : il a fallu attendre les années 90 pour assister, dans les politiques locales, à une véritable inflexion en direction des questions environnementales. Les services espaces verts, les paysagistes et les architectes ont travaillé plus volontiers de conserve. Des replantations d'arbres et de nouveaux aménagements de parcs et jardins fleurissent dans les villes, même si l'on déplore encore une inégalité dans le traitement des quartiers. Les villes soucieuses de cet environnement ont mis en place des tableaux de bord pour évaluer l'impact des politiques locales. Plusieurs collectivités se sont associées afin de mieux cerner le défi commun du développement durable. Pour réconcilier ville et périphérie, l'architecte Bernard Huet va jusqu'à suggérer une politique de reconquête des périphéries par les centres. Comme Haussmann a su le faire à Paris après l'annexion des communes périphériques en 1865, il faut étendre les centres des villes en créant de nouveaux quartiers. Réfléchissons à des villes-paysages, clame le paysagiste Bernard Lassus qui envisage de nouvelles relations avec les éléments naturels. Le recours au végétal a pour effet de compenser les ambiances agressives, de proposer une alternative aux paysages industriels, de structurer des espaces souvent décousus, bref, de redonner une nouvelle image aux entrées de villes.

Jean-Claude Galléruy, expert au Cetur (Centre d'études des transports urbains), parle de quasi-anarchie et de marasme urbain. Il met en cause la complexité des compétences, des statuts et des mécanismes qui n'ont pas encouragé une démarche de projet urbain. Le retour à une ville compacte, « à l'ancienne », est sans doute utopique. Alors, certains prônent au contraire une urbanisation nouvelle s'appuyant sur des équipements collectifs de proximité (transports en commun, écoles, centres de commerces et de loisirs). Pour les prendre en charge, une seule perspective : l'intercommunalité. L'idée, simple et de bon sens, fait son chemin depuis une dizaine d'années : plusieurs communes d'une même agglomération participent aux investissements et adoptent une cohérence territoriale.

Elle se heurte à la défense des prés carrés. Pour François Ascher, seule une autorité supra-communale élue au suffrage universel serait pertinente pour gouverner un territoire qui regroupe plusieurs communes. Sans elle, les politiques menées risquent de n'être que des sortes de compromis loin d'être satisfaisants pour réussir à développer une agglomération équilibrée à tous les niveaux.

La plupart des urbanistes concèdent une relative impuissance : on ne peut totalement maîtriser le développement d'une ville, tout au plus accompagner sa poussée en la contrôlant dans ses grandes lignes. Plus encore, les contraintes socio-économiques qui donnent son visage à la ville évoluent rapidement. Les nouvelles données de l'économie française, 35 heures et flexibilité par exemple, risquent ainsi d'accentuer la péri-urbanisation. En

Sans voiture, point de salut

dehors de Paris et de quelques grandes agglomérations, près de 80 % de la population active rentre à son domicile pour déjeuner. Avec les nouvelles organisations de travail, certains salariés pourraient opter pour la journée continue et se limiter à un seul trajet aller-retour par jour. L'hypothèse de faire quelques kilomètres supplémentaires pour trouver du terrain à un coût moins élevé pourrait se concrétiser dans les prochaines années.

L'autre grand facteur de changement prévisible tient dans l'intégration des nouvelles technologies. L'impact des nouveaux modes de communication sera sans doute à la hauteur du rôle joué par l'électricité au XIXe siècle. Une véritable mutation s'est emparée des villes à l'époque avec l'électricité en favorisant l'apparition des tramways, des ascenseurs, de l'éclairage... Beaucoup s'interrogent sur le devenir des centres-villes et sur nos futurs modes de consommation. Les banques, les commerces, les assurances devront-ils toujours présenter des vitrines aux mêmes emplacements qu'aujourd'hui ? Internet va-t-il se substituer aux centres commerciaux ? Ces perspectives ne sont pas encore suffisamment tangibles pour donner un contenu à nos rêves de ville. L'ère annoncée du « travail bio », les doigts de pied dans le gazon et le nez sur l'écran, séduit vaguement les esprits. Pour s'assurer ce bien-être et ce bien-vivre, faisons fi des contraintes de distance, construisons à la campagne à condition que les plants de serpolet n'empiètent pas sur le garage. Car, sans voiture, point de salut. Habitant plus loin des villes, plus isolés, les Français rurbanisés ou péri-urbains sont devenus les Robinsons du nouveau bocage en haies de jardins, voulant tout, et le reste, près de chez eux et rajeunissant des bourgs qui, dans bien des cas, sont aussi peuplés aujourd'hui qu'ils l'étaient en 1900. Et s'il faut que les pauvres villes en deviennent phtisiques, qu'importe ! Au moins, chez soi, qu'il fait bon respirer... Ainsi, chemin faisant, les vieilles villes n'ayant su retenir leurs anciens habitants ou les ayant expulsés, crèvent d'une vengeance distillée au pot d'échappement... ■

CHAPITRE SIX

Territoires de la mixité

Comment stopper l'engrenage des ghettos ?

Les barrières ne sont pas dans les esprits

Pays de micro-terroirs que l'Histoire a ouverts à toutes les influences, terre de particularismes qui prêche l'universalisme, pays d'exceptions qui s'est bâti grâce à un centralisme fort, la France croit foncièrement à la pluralité et à la mixité. Elle est sans doute le pays d'Europe qui admet et intègre avec le plus de facilité les différences. Le démographe Emmanuel Todd explique cette particularité par le vieux fond égalitaire et libertaire de ses élites. La France se méfie de tout ce qui enferme, prétend conformer à un modèle, enserre dans une histoire dont on ne peut s'affranchir. L'uniforme, la soutane, le voile ne lui siéent guère. Sans doute est-ce la raison pour laquelle elle brandit si volontiers, ici le spectre du communautarisme, là celui de la dérive sectaire ou mafieuse, ailleurs celui du corporatisme.

Prenons l'exemple des banlieues : c'est moins les difficultés de vie dans ces territoires qui inquiètent la France que la constitution de zones qui échappent à son entendement, à son contrôle et forgent une loi qu'elle ignore. Les banlieues sont devenues, si l'on en croit le discours ambiant, l'archétype d'un échec patent, celui de la mixité sociale et culturelle, un monde à part, un ghetto. Pour le démographe Hervé Le Bras, spécialiste de ces questions, le tableau est beaucoup plus nuancé. « On se situe toujours à la limite de ce rejet, affirme-t-il, on est toujours sous la menace d'une ghettoïsation. Mais la situation ne cesse de s'améliorer. » La résorption du chômage depuis la fin des années 90 facilite, il est vrai, la tâche. Au-delà de cet aspect économique, presque contingent, la société française recèle, selon lui, « une large perméabilité permettant une meilleure intégration. »

Si amélioration il peut et doit y avoir, c'est donc moins dans les esprits – la pureté n'est pas un fantasme hexagonal – que sur le terrain, dans l'organisation concrète de ces territoires que l'on dit laissés à eux-mêmes. En effet, la mixité se heurte souvent à l'absence de passerelles naturelles et ne peut se réaliser en raison de barrières physiques infranchissables. Il ne faut pas hésiter à observer la réalité au plus près. *La Haine* en *(Suite page 84)*

Trop d'insécurité : il faut montrer patte blanche pour pénétrer dans le XVIe arrondissement, protégé par de hautes grilles. Des vigiles

Médiacryptage

filtrent les entrées...

Le ghetto doré

Symbole des quartiers « chics », le XVIe arrondissement de Paris est le théâtre d'une ségrégation sociale certaine. « Elle y est forte, mais reste malgré tout relative et parler de ghetto est abusif, commente le sociologue Edmond Preteceille. La proportion de cadres supérieurs n'excède pas la moitié de la population dans les arrondissements privilégiés », dit-il.
Le phénomène de ségrégation se manifeste par un développement conjoint des infrastructures (établissements scolaires notamment) et de l'habitat. Vie résidentielle et vie professionnelle sont étroitement mêlées, comme l'ont montré les sociologues Monique et Michel Pinçon[1]. Le fait d'avoir une adresse prestigieuse peut constituer un atout dans le cadre professionnel. Les classes « supérieures » affichent dans l'espace leur volonté d'être entre elles et contrôlent l'accès à cet espace. Le recensement de 1990 avait mis en évidence l'accentuation de cette concentration dans les quartiers privilégiés. Pour autant, le schéma américain n'est pas applicable à la France. « La culture de ses élites marque un goût positif pour la ville en tant qu'espace public, indique Edmond Preteceille. La sécession des quartiers riches ne me paraît pas à l'ordre du jour, du moins dans les parties centrales des villes, et sauf crise politique majeure. »
Une loi de 1990, renforcée par une autre plus récente, prévoit la construction de logements à caractère social dans chaque municipalité.

(Suite de la page 81) fournit un bon exemple. Souvent considéré comme une œuvre sur la violence, il s'appuyait sur le déficit de transports : les jeunes sont bloqués dans Paris en raison de l'absence de trains pour leur permettre de rentrer en banlieue. Le manque de desserte par les transports publics au-delà d'une certaine heure constitue bel et bien un facteur d'exclusion. « Pour beaucoup d'étrangers, l'accession aux centres-villes continue d'apparaître illusoire, note Hervé Le Bras. La vie est avant tout limitée aux cités. Cette coupure physique est un véritable obstacle. »

L'absence de toute continuité spatiale – qu'évoquent des termes comme « ville-champignon », « ville-dortoir », « urbanisme sauvage » – exprime l'essentiel : la violence de sites devenant de véritables isolats, des concentrations sans liens naturels avec d'autres espaces d'attraction ou de loisirs, des réseaux de transports qui n'en sont pas. Or, dans un pays où l'on ne peut, à la fois, conduire avant 16 ans et où il n'existe pas de police de la route capable de contrôler d'éventuels excès (comme aux Etats-Unis par exemple), toute émancipation adolescente dépend des transports en commun. L'attaque répétée d'autobus de banlieue exprime moins un besoin malsain de briser des équipements publics ou de faire des conducteurs les souffre-douleur commodes d'un mal de génération que le résultat du sous-équipement chronique dans la ville périphérique et ses alentours. Ne commet-on pas des erreurs d'appréciation comparables en brandissant le spectre du communautarisme ? Peut-on laisser accroire l'idée que la France se heurterait au mauvais vouloir de ceux qu'elle prétend intégrer. « L'exclusion ne provient pas du repli sur soi, répond Hervé Le Bras. Les quartiers de communauté ne se forment pas naturellement. » Il existe une forte mixité dans la plupart des quartiers généralement donnés en exemple, dans la Cité des 4 000 à La Courneuve ou encore dans un grand ensemble de Montreuil-sous-Bois où l'on a recensé une trentaine de nationalités. De la part des immigrés, on n'a jamais pu prouver qu'il y avait un réel discours identitaire. C'est plutôt lorsqu'une personne se sent rejetée qu'elle va s'appuyer sur l'aspect communautaire. A Marseille, par exemple, dans l'un des ensembles situés près du quartier de La Belle-de-Mai, le sociologue Michel Anselme a montré que le rejet conduisait une population à fonctionner en communauté. Il a ainsi fallu deux ou trois décennies de négation des problèmes par les autorités pour que les habitants des cités développent, comme antidotes, des réflexes identitaires. Briser alors ce qui a été construit, souvent dans la douleur, n'est guère sérieux.

Pourtant, il faut agir, rebâtir sur une vision à long terme, faire en sorte que les banlieues deviennent partie intégrante des villes, grâce à un maillage naturel, et cessent d'en être la marge récalcitrante. La mixité sociale ne peut s'entendre autrement. Pour inefficaces qu'elles puissent paraître, les politiques dites de la ville n'en sont pas moins la solution la plus propre à changer les choses. On oublie trop souvent que les destructions relativement massives de tours *(Suite page 88)*

Fouad Bennis président

Plus d'un Français sur trois (18 millions) né entre 1880 et 1980 descend d'immigrants à la première, deuxième ou troisième génération. En 1982, 70 % des étrangers résidant en France y vivaient depuis plus de dix ans. Leur représentation politique reste en revanche insignifiante, même si les populations issues de l'immigration maghrébine, celles de la deuxième génération du moins, sont de plus en plus impliquées dans la vie politique. Philippe Bataille, chercheur au Centre d'analyse et d'intervention sociologiques (Cadis) et président du conseil d'orientation du Groupe d'étude sur les discriminations (GED), apporte cependant une nuance : « Ces hommes et femmes sont présents sur les listes électorales, mais les postes clés leur sont rarement confiés ».
La composition de l'Assemblée nationale n'est guère plus représentative. Et « sur le plan municipal, les postes où l'on retrouve un élu d'origine maghrébine sont ceux où la couleur de la peau est considérée comme un atout », remarque Malek Boutih, président de SOS Racisme. Cette démarche peut favoriser le communautarisme, même si, comme le pense Philippe Bataille, « la tentation d'un leader ethnique existe peu en France. La volonté de sortir de postes "potiches" est en revanche très marquée. Nées en France, formées dans l'enseignement laïc, ces personnes font preuve d'une radicalité républicaine très forte ».

Le président Fouad Bennis, d'origine tunisienne, a été élu en 2017. Son programme

Médiacryptage

électoral était axé sur la défense de la laïcité. Il a succédé à l'Elysée à la première femme présidente.

(Suite de la page 85) ou de barres aux Minguettes, à Aulnay-sous-Bois et ailleurs ont contribué à faire respirer des espaces clos. De même que le remplacement des grands programmes de planification par des actions ponctuelles donne des résultats probants. Exit donc l'idée d'un « plan Marshall pour les banlieues », avancée en 1990.

Ce raisonnement vaut également pour l'habitat social. L'instauration de quotas de logements sociaux dans chaque commune va dans le sens d'une mixité à condition de respecter une répartition harmonieuse sur le territoire.

Mettre de la vie dans les villes, placer les associations au centre des modèles de développement, conférer aux résidents des compétences civiques, voire accorder des mandats électifs, voilà la grande affaire. Les consommateurs urbains, dans toutes leurs composantes, appellent la naissance d'acteurs responsables des villes. Il ne fait guère de doute que le droit de vote des immigrés constitue non seulement un acte symbolique fort mais aussi un véritable encouragement à vivre ensemble. « La démocratie locale sera déterminante, insiste Hervé Le Bras. Les étrangers n'ont pas le droit de vote. Ils se sentent exclus des décisions prises localement. » En filigrane, se profile le débat sur l'identité de la France et de son rapport à la mixité (ou à la pluralité, si l'on veut être plus large), à la fois sociale et culturelle. L'angoisse de se perdre est toujours latente. Christian Saint-Etienne[2] décrit dans *Scènes de vie en 2024*, une France qui n'est plus que le terme désignant une association de type loi de 1901, réunissant quatre grandes régions françaises membres d'une Europe désormais fondée sur le modèle des Länder allemands.

La menace n'est plus celle d'une France changeant de faciès à la faveur de rythmes démographiques différents : le taux de fécondité que l'on estimait assez élevé chez les populations immigrées est en passe de chuter. « Le phénomène n'est pas propre à la France, constate Hervé Le Bras. Dans le grand Alger, la fécondité est tombée à deux enfants par femme. En France, les femmes d'origine portugaise ont un taux de fécondité inférieur à leurs homo-

Le fantasme de l'invasion est oublié

logues françaises. Il s'agit en fait d'un mouvement mondial. Le péril est désormais celui d'un éclatement. Au spectre de l'invasion a succédé celui de l'implosion.

Le transfert d'un nombre croissant de compétences à des entités régionales n'a-t-il pas commencé, s'inquiètent les partisans de l'« ancienne France ». L'Assemblée de Corse va conquérir une partie des droits régaliens dévolus à l'Etat. Les Pyrénées-Atlantiques réclament le droit de se dire, d'abord, basques. Les Pyrénées-Orientales lorgnent de près l'imposante autonomie catalane. Les Alsaciens, toujours régis par le Concordat et les articles concordataires de 1801-1802, nourrissent aussi quelques velléités. En somme, deux siècles après la création des départements, ressurgit du fond des âges le vieux terreau provincial, avec son cortège de libertés et autres franchises.

Encore faudrait-il que des régions quelque peu artificielles soient recalées sur les héritages historiques. Il n'est pas assuré que les Nantais, forts de leur prééminence sur les Pays-de-Loire, acceptent, au nom de la Bretagne historique, d'être de nouveau inféodés aux Rennais. Mais ces petites discordes administratives sont peu de chose. Du reste, les présidents de la République, sous la Ve, ont abondamment démontré, en cultivant des mythes plus ou moins naturels avec des fiefs électoraux – familiaux ou non –, que les « racines » avaient de puissantes vertus. Pourquoi s'étonner alors qu'I Muvrini ou Tri Yann fassent salle comble, en même temps que Khaled puisse déclarer que Paris est devenue la capitale du raï, alors que l'enfant de Montgeron, MC Solaar, est détrôné par les rappeurs marseillais ? Du regain des folklores, phénomène régionaliste, à l'éclosion du rap, phénomène social, c'est le même terreau identitaire qui est cultivé.

Si, en 1968, il fallait bien crier « Nous sommes tous des Juifs-Allemands » pour protester contre l'expulsion de Daniel Cohn-Bendit, dit Dany-le-Rouge, aujourd'hui et surtout demain, le « Nous sommes tous des Beurs » sera l'aveu que pluralité ethnique et pluralité culturelle sont au cœur du creuset français. L'anecdotique mandat parlementaire de l'ancien secrétaire d'Etat Kofi Yamgnane en pleine Bretagne annonce, sans doute, un brassage culturel constructif auquel, du reste, répondent les actes de milliers d'étudiants profitant des programmes *Erasmus* ou *Socrates* pour passer, au moins, une année à l'étranger.

Or, n'est-ce pas par ces ouvertures, mais aussi par l'utilisation intelligente des ressources humaines disponibles – on peut songer à l'énorme potentiel linguistique présent sur le territoire national et gâché, faute de volonté politique, pour l'exportation – que le particularisme régional de la France, dans l'espace européen, pourra se maintenir ?

Démagogique ou non, conscient ou non, François Mitterrand s'était essayé à cette modernité en prenant successivement pour Premier ministre un vieux militant laïc du Nord, un protestant, un juif, une femme et un fils d'immigrés ukrainiens, de culture orthodoxe de surcroît. La logique appelle, un jour ou l'autre, un fils ou une fille d'Afrique du Nord aux mêmes responsabilités. Il est moins probable, en revanche, que cette même logique tolère aussi rapidement qu'une ministre de la Famille soit lesbienne.

Certes, le besoin de paternité ou de maternité risque de ne plus se décliner selon les normes en usage actuellement. Mais les débats enflammés sur le Pacs (Pacte civil de solidarité) témoignent que les vieilles inquiétudes sont toujours bel et bien là : les mêmes arguments homophobes ne sont, au fond, que l'héritage des complaintes anti-féministes. Ceux qui hier partaient en croisade contre la pilule ou le planning familial sont aujourd'hui au premier rang des anti-Pacs.

Qu'elle soit « bleu-black-beur », pluraliste au plan confessionnel et largement ouverte aux revendications, sinon aux droits, des minorités, il est bien certain que la France du XXIe siècle prend le chemin d'un développement à l'américaine, conformisme en moins. A quand un hit-parade des entreprises dans lesquelles il fait bon vivre et obéissant, selon le magazine américain *Fortune,*

Ne plus penser en mode binaire

aux trois critères de tolérance : équipements sportifs, proportion des femmes, pourcentage de « minoritaires » ? Le paradigme du Berrichon père d'une nombreuse famille, devenu ministre, risque fort d'être remplacé par de nouvelles normalités qu'on peine encore à imaginer. La France a déjà admis sans grande difficulté que l'un de ses chefs d'Etat ait pu avoir femme et maîtresse et le fasse avaliser, le jour de ses funérailles, par l'opinion. Elira-t-elle demain un métis ou un homosexuel qui le revendique ?

D'ici là, elle continuera de se faire peur, de s'inventer des fossoyeurs. Comme l'avait rappelé Fernand Braudel[3] dans une page fameuse, pendant des siècles, la France s'est construite dans une logique d'affrontements internes, un rapport binaire à l'autre déterminant le bien et le mal : France monarchique ou féodale, réactionnaire ou républicaine, catholique ou albigeoise, puis protestante, réactionnaire ou libérale, septentrionale ou méridionale. En cela, l'école républicaine de Jules Ferry n'a guère innové en reprenant le flambeau légué par l'état centralisé du XVIIe siècle et mettant l'unité au centre de tout. Unité de la « circulaire Combes » de 1902, notamment, proscrivant l'usage des langues régionales ou des patois dans les écoles et dans tous les actes publics. Unité devenant insensiblement unicité et donc refus atavique de tolérer la moindre différence. Car, pourquoi ne pas l'avouer, si la laïcité s'inscrivait en principe dans un projet de lutte contre tous les obscurantismes, elle fut aussi une formidable machine à nier le pluralisme.

Voilà l'une des raisons pour lesquelles l'Ecole, au premier chef, s'est vu notifier sa mission assimilatrice. Mais assimiler, c'est aussi transformer, digérer, modifier. Pourtant, cette logique binaire, ce besoin d'être dedans ou dehors, ce processus de catalogage des individus pour ou contre, s'il était nécessaire à l'édification de la Nation n'est plus valable désormais dans une économie à la fois européenne et mondiale. Aujourd'hui, le débat se situe en termes simples mais demandant un réel effort culturel : comment assurer une unité sans unicité ? ■

CHAPITRE SEPT

Territoires des rencontres

Le virtuel va-t-il nous faire perdre le goût du contact ?

L'éclosion de nouvelles formes de sociabilité

Aucune révolution technologique ne naît sans susciter doutes, inquiétudes, imprécations. L'ère numérique, qui explose sous nos yeux, celle de l'informatique et des réseaux, ne déroge pas à la règle. Ce nouvel âge, affublé du terme péjoratif de « virtuel », ne porte-t-il pas en lui la menace d'une atomisation de la société : bien sûr, chacun se connecte et communique mais personne ne se connaît vraiment. En somme, émergerait peu à peu un monde en trompe-l'œil, où l'achat s'effectue à distance et où chacun avance masqué derrière un *login* informatique ou un pseudonyme au sein de communautés factices.

Vieille antienne, c'était forcément mieux avant. Mais l'écrit n'a pas tué l'oral, le courrier, postal hier, électronique aujourd'hui, n'a pas empêché les gens de se parler, pas plus qu'Internet n'empêchera les gens de se rencontrer. Les moyens de communication ont certes leurs modalités propres, leurs forces intrinsèques, leur « clientèle » privilégiée, génèrent leur propre espace et leur façon d'échanger, mais font rarement le vide autour d'eux. Les rétifs aux nouveaux langages ne sont pas condamnés à devenir sourds, muets ou aveugles. Là où on redoutait le confinement, l'isolement ou le repli sur soi, les nouvelles technologies peuvent au contraire permettre une mise en relation inattendue, servir à une prise de conscience mondiale. Les moyens de communication peuvent servir à la rencontre collective et, sans doute, à l'émergence ou à l'éveil d'un sentiment commun. Nous n'avons pas fini de mesurer l'ampleur des conséquences de ce bouleversement. Un premier aperçu spectaculaire nous a été fourni par l'échec de la réunion de l'Organisation mondiale du commerce (OMC) à Seattle puis, dans son sillage, les manifestations d'opposants à Davos et celles de soutien à José Bové, dans une Millau devenue, ironiquement, Seattle-sur-Tarn. Ce sont paradoxalement les outils nés de la mondialisation – le Net, le portable, les micro-ordinateurs – qui ont amplifié la contestation des opposants à la globalisation et leur ont permis de s'imposer (d'exploser) sur la scène médiatique internationale.

Peu importe le jugement que chacun porte sur ces événements et le crédit qu'il *(Suite page 96)*

Attention au départ ! Imitant l'exemple de la SNCF, la RATP a mis en place de véritables bars dans ses rames de métro. Le petit

Médiacryptage

noir a la faveur des voyageurs…

Le métro-bar

En 1983, la RATP avait songé à installer un distributeur automatique dans une rame. Mais l'expérience, tentée en interne, n'a pas confirmé la validité du projet... La Régie a finalement opté pour l'exploitation commerciale des quais et installé des distributeurs automatiques de boissons et confiseries. Sécurité oblige, toutes les boissons sont froides et conditionnées dans des bouteilles, les canettes étant plus susceptibles de déborder. Tous les emballages sont recyclables.
La création d'une voiture-bar est plus problématique. Pour Alain Seves, de Promo Métro, « le principal écueil est la forte fréquentation aux heures de pointe, lorsque chaque mètre carré compte ». Le nombre de voitures correspond à la longueur des quais (de 75 à 120 mètres). Ajouter une voiture supplémentaire est impossible, sauf à changer de modèles. « Le RER a pu augmenter sa capacité avec les voitures à étages, parce que ses tunnels sont au gabarit SNCF. Ce n'est pas le cas du métro. Et à moins d'un réaménagement complet des tunnels, sa structure ne peut évoluer ». Le sous-sol parisien est déjà saturé de galeries.
D'autres initiatives ont été mises en place pour rendre le métro plus convivial. Le journal hebdomadaire gratuit de la RATP, « A nous Paris », rencontre l'adhésion des usagers. Des expositions-ventes temporaires sont également organisées. Les musiciens, dont certains sont auditionnés puis accrédités par la RATP, contribuent à la « vie » du métro.

(Suite de la page 93) accorde ou non aux thèses défendues : le phénomène s'est produit et s'avère riche d'enseignements. De par le monde entier, grâce à la magie technologique, des groupuscules d'opposants à la mondialisation, des écologistes, mais aussi des personnes isolées, ont pu facilement se mobiliser contre la réunion de Seattle et organiser leur riposte. Des forces de contestation émiettées, minoritaires, ont pu se regrouper, jusqu'à faire masse.

Ce qu'une opposition locale – nous sommes aux Etats-Unis – aurait été incapable de faire, une opposition mondiale, disséminée et éclatée, l'a réussi. Mieux, Internet a permis de drainer au-delà des « chapelles » traditionnelles. Il suffit de se souvenir de la surprise – le mot est faible – de l'opinion publique américaine, de nouveau interloquée par les manifestations de Washington quelques semaines plus tard, pour comprendre à quel point les conditions modernes de la contestation démocratique sont en train de changer, avec le recours aux nouvelles technologies. Ce qui était épars, qu'on pouvait balayer d'un revers de la main, ignorer et mépriser, a pris du sens et du poids. L'opposition à la mondialisation est apparue comme un phénomène majeur, dont il fallait tenir compte, bien loin du folklore dont on l'affublait.

Un an plus tôt, c'est encore l'outil Internet qui avait permis de remettre en cause l'AMI (Accord multilatéral sur l'investissement). Ce projet, éminemment secret, concocté par l'OCDE (Organisation de coopération et de développement économiques), revenait, ni plus ni moins, à considérer que les intérêts des entreprises intervenant dans le monde entier, à commencer par les multinationales, primaient sur les considérations de droits ou de réglementation propres à chaque Etat national.

Au nom de l'égalité de concurrence, une multinationale aurait pu attaquer la législation (du travail, par exemple) d'un pays donné et obtenir réparation. Une entreprise américaine aurait pu ainsi être fondée à estimer que les 35 heures, en France, causaient un préjudice à son objectif de performance pour sa filiale française... L'AMI avait été envisagé à la demande des nations les plus libérales et, dans un premier temps, avec l'assentiment d'autres pays, dont la France, qui n'en avaient pas forcément mesuré les enjeux. Longtemps, le dossier fut ignoré de l'opinion et son élaboration se poursuivit sans qu'aucune information ne soit fournie, alors qu'il concernait tous les citoyens, et pas seulement les agents économiques. C'est alors qu'un grain de sable grippe la belle mécanique de l'OCDE. Par le plus grand des hasards, un journaliste du *Monde Diplomatique* découvre l'existence du projet en fouinant sur Internet. L'affaire devient aussitôt publique et suscite une vive émotion. Entre explications embarrassées et protestations courroucées, la mobilisation contre l'AMI devient bientôt mondiale et l'OCDE se trouve contrainte de faire machine arrière, sous la pression de l'opinion. La démocratie a, ce jour-là, marqué un point. Et ce, grâce au Net. Ainsi, les technologies les plus modernes, celles de demain, dont certains craignent qu'elles ne soient tentaculaires, voire totalitaires, ouvrent des espaces de liberté insoupçonnés. Les mouvements multiples de la contestation de la mondialisation, riches de leurs différences, font preuve d'une efficacité décuplée, inconnue jusqu'à présent, grâce à elles. Les outils les plus sophistiqués aident non seulement les communautés les plus diverses et les plus faibles à exister, mais leur permettent aussi de communiquer entre elles et de faire masse. L'information circule, échappe au contrôle. L'identité des groupes se forge. De fait, le Web offre des lieux de rencontre, des espaces publics ouverts à la communication et définit ainsi une nouvelle forme de dialogue, de convivialité, et, pourquoi pas, autorise une démocratie planétaire.

Gare à l'angélisme cependant : le Net peut favoriser aussi bien les grandes mobilisations que les replis identitaires, le partage que le narcissisme (« moi, mes enfants, mon chien... »), le désenclavement que la cyber-solitude. Les sésames d'aujourd'hui – *login*, mots de passe, autorisations d'accès… – dessinent les contours d'espaces réservés (à des fins criminelles parfois : on sait le parti qu'ont pu tirer du Net mafias et réseaux pédophiles). Avec Internet, on peut vivre *(Suite page 100)*

Acheter, jouer, s'évader… : tout est possible depuis chez soi. Nul

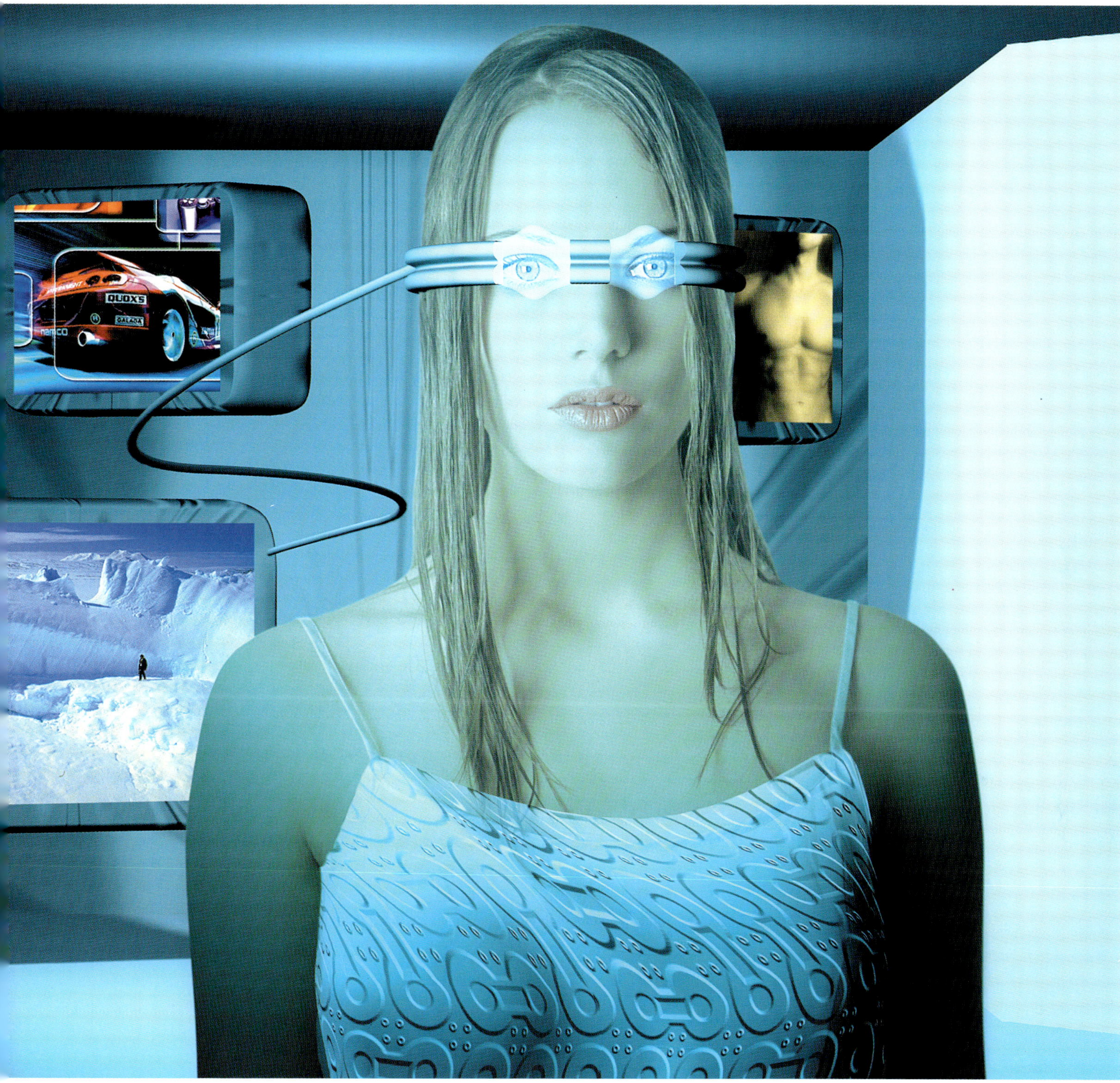

Fabrice Redlenfer

besoin d'avoir un ordinateur équipé d'un volumineux disque dur : les données sont stockées sur Internet.

Jeux virtuels

La plupart des activités quotidiennes peuvent aujourd'hui s'effectuer via Internet. La Toile est devenue l'outil de prédilection des télétravailleurs. Les plus jeunes peuvent recevoir leurs devoirs corrigés par un cyber-assistant d'une grande école. Certaines grandes écoles proposeront bientôt des cursus en ligne. La plupart des achats peuvent déjà s'effectuer par Internet. Les informations pourraient bientôt être transmises par un réseau sans fil ! « La technologie Bluetooth devrait le permettre », indique Jamel Tayeb, responsable du programme technique chez Intel France. Ce projet, initié en mai 1998, regroupe 2 000 entreprises. Les recherches permettent déjà un échange de données dans un rayon de 10 mètres. Une borne-relais élargit ce rayon à 100 mètres. En attendant beaucoup plus. Les applications sont multiples. Didier Burdinat, de Microsoft, explique ainsi que « les voitures pourront communiquer directement avec la pompe de la station-service ». Le réfrigérateur pourra gérer ses stocks, par un réapprovisionnement direct sur Internet, comme le prototype d'Electrolux, le Screen-Fridge. A terme, la Bluetooth va créer tout un univers d'objets intelligents et communicants.

(Suite de la page 98) entre soi, sans les autres, cultiver sa différence. Le Réseau est une auberge espagnole où chacun peut entrer, partager la salle commune, monter sur l'estrade, mais pas forcément accéder à tous les étages.

Faut-il en faire le reproche aux nouvelles technologies ? Rien n'est moins sûr. Outil puissant, exceptionnel, grisant, qui permet de contracter à la fois l'espace (le monde à portée de clic) et le temps (vertige de l'instantanéité), Internet n'est sans doute, au travers des usages qui en sont faits, que le reflet déformant de la société. Souple et malléable, il ne détermine pas de conduites, ne ferme pas les angles. Bâti sur le principe de l'anonymat, de la gratuité, de la distance, il désinhibe et reflète sans doute assez fidèlement les aspirations et les fantasmes, sans censure ni tabous, sans manières ni pudeurs.

A l'accusation selon laquelle il nous ferait perdre le goût du contact, du tactile, de la sociabilité, il faut donc répondre par la question : en avons-nous tout simplement le besoin ? Une Nation qui ne veut plus vivre ensemble ? Nous n'en sommes évidemment pas là, même si des besoins croissants de vivre sans les autres apparaissent. Maison-cocon, sociétés d'anciens de telle école, confréries, clubs sportifs et autres associations n'illustrent plus seulement les aspirations de quelques lettrés heureux de se rencontrer dans les sociétés savantes, mais de nets désirs de reconnaissance et de regroupement, sans les autres. Les langages suivent un processus similaire. Les banlieues ont forgé leurs propres vocabulaire et code grammatical, les identités linguistiques régionales se réveillent (seuls moyens supposés de résister au rouleau compresseur anglo-technologique ?). Du côté des chercheurs en sciences humaines, des disciplines au vocabulaire barbare, inintelligible aux exclus de ces nouveaux savoirs, finissent par être réservées à quelques *happy few*. Prenons l'exemple de la linguistique, dont les raffinements ont quadrillé les frontières du langage sous toutes ses formes, au point de se décliner en sous-ensembles eux-mêmes désormais autonomes : sémantique, sémiotique, sémiologie, grammaire

Médiacryptage

Dans l'Europe des 25, chacun parle dorénavant trois langues. A Carcassonne comme partout en France, les panneaux sur les routes ont été traduits…

générative, etc. A chacun son volapük ou sa novlangue ? Mais comment se rencontrer si l'on ne parle pas le même langage ? Etre « entre soi » n'étant plus un privilège aristocratique, chacun se retrouve volontairement ou non dans sa bulle, rassurante et imperméable au monde. Reste qu'en certains domaines, les plaisirs solitaires ont leurs limites.
« Méga-teufs », rave parties, giga-concerts, mais aussi fêtes de terroir et de village, ambiances de stade, grand-messes en plein-air, rituels de foi collective démontrent la réalité d'une insatisfaction sociale qui n'est pas une simple fracture. Le besoin « d'en être », d'avoir « été là » résiste donc aux mécanismes de compression de la modernité.
Sur le fond, que recherchent ces nouveaux forcenés des pieds écrasés et des T-shirts trempés de sueur ? Manifestement ce que leurs devanciers exprimaient sous une autre forme avec les moyens différents des bals, fêtes de famille et autres réunions de conscrits. La cyber-fête a peu de chances de remplacer les flux de bière et les torrents de décibels… ■

Last exit to Carcassonne

La suprématie actuelle de l'anglais dans le monde des affaires ne signifie pas pour autant la disparition à terme de l'espace francophone. « Il est important de distinguer langues véhiculaires et langues vernaculaires », précise Denis Creissels, professeur de linguistique et chercheur au CNRS. Si la communauté scientifique a adopté l'anglais et si la plupart de ses revues sont bilingues, c'est pour faciliter l'échange de savoirs et d'informations. « Il serait faux de raisonner en termes de remplacement, ajoute Denis Creissels : il s'agit d'une coexistence, l'autre langue ayant une vocation utilitaire. » L'une des réactions à l'uniformisation des langues est l'emploi des dialectes régionaux. Il est souvent symbolique, comme à Nice où des plaques de rue sont écrites en français et en niçard. A l'école, près de 90 % des collégiens français pratiquent l'anglais, première des secondes langues. Il n'est pas certain que la langue de Shakespeare tende à devenir universelle (508 millions de personnes en 1998) : la vitalité démographique et économique de l'Extrême-Orient nous prépare sans doute un autre scénario. De toute manière, cette éventuelle universalité ne signifierait pas l'apparition de nouveaux idiomes, ni l'extinction des autres. Il est même possible que l'anglais pâtisse de son succès. En effet, remarque Jean-Louis Calvet, professeur de linguistique à l'Université d'Aix-Marseille, lorsqu'une langue s'étend sur un territoire large, « elle est sujette à des altérations et peut donner ainsi naissance à de nouvelles langues ».

CHAPITRE HUIT

Territoires des loisirs

Comment allons-nous occuper notre temps de loisir ?

Profitons des richesses du temps choisi

Pour une fois, les experts interrogés sont tous d'accord, à des nuances près. A croire que le territoire du loisir est plus fédérateur que les autres. Ou, plutôt – ce qui serait déjà un enseignement sur la place qu'il occupe et qu'il s'apprête à occuper –, il ressort de leurs analyses et observations convergentes que le thème des loisirs, à défaut d'englober tous les autres aspects de la vie, dont le travail, se définit puis interfère avec chacun d'entre eux.

Dès lors, il faut suivre Paul Yonnet pour tenter une première approche de ce qu'on nomme loisir, en rappelant que, dans *l'Encyclopédie*, Diderot le désignait déjà comme « le temps vide que nos devoirs nous laissent ». Lui-même auteur de plusieurs ouvrages [1] consacrés aux jeux et aux sports, il propose de le considérer comme une quantité de temps « qui présente un caractère central » parce qu'il est « libératoire des temps de contrainte » où coexistent le travail, bien sûr, mais aussi les tâches domestiques et les activités sociales, à la différence des « temps sociaux » qui, eux, sont constitués de l'ensemble des temps, ceux de la contrainte hors travail comme ceux des loisirs. Le tout n'étant pas à confondre, non plus, avec le temps uniquement libéré du travail. Il s'ensuit que le temps des loisirs est devenu le plus important de tous, en France, dans les années 80, ainsi que le confirme l'enquête Insee sur l'emploi des temps qui, toutefois, en opérant un classement en fonction des types d'activité et de leur utilité, introduit un certain nombre d'ambiguïtés. Faire du bricolage ou ses courses peut tout à la fois, selon les occasions, s'interpréter comme relevant du temps contraint et des loisirs. En additionnant, il s'accomplit plus de choses en 24 heures d'activité, notamment dans les domaines du loisir, que ne le laisse apparaître la seule répartition des temps. Par exemple, quand on écoute la radio pendant le repas, regarde la télévision tout en préparant la cuisine, se branche sur son baladeur dans le bus ou en voiture pour mieux supporter les embouteillages. Pour les mêmes raisons, on a sans doute une mauvaise appréciation des activités culturelles des Français, dont la statistique ne donne pas la mesure de la réalité.

Complexe, multiforme, ambivalent, le loisir est donc d'abord « une forme », plus ou moins *(Suite page 107)*

Oiseaux merveilleux, plantes exotiques, cascades... Recouvert d'une immense serre, le quartier des Halles à Paris est devenu un

Chayan Khoi

ut lieu touristique…

La serre des Halles

Les espaces verts sont indispensables à la qualité de l'environnement en milieu urbain. « L'esthétique des lieux et du paysage sont des éléments importants du cadre de vie », remarque Philippe Mirenowicz, du Groupe d'études ressources et prospective en aménagement (Gerpa).
Chaque Français vivant en centre-ville disposerait en moyenne de 14 m² de parcs, 77 m² de bois et 98 m² d'espaces verts. A Paris, l'espace vert par habitant est de 12 m² et à Besançon de 55,4 m². Dijon consacre quant à elle 15 % de sa superficie aux espaces verts. Des municipalités, pionnières en la matière, proposent des solutions originales pour le retour de la végétation en milieu urbain. Ainsi, Amiens a mis en place des « hortillonnages » : elle a entrepris la reconquête du patrimoine pour y pratiquer des cultures maraîchères et y développer des actions d'éducation à l'écologie. A l'exemple de cette ville pionnière, Rennes, Dijon, Bourges ou Besançon ont adopté une gestion différenciée des espaces verts. Elle se traduit notamment par une diversification des espèces et l'élargissement de la palette végétale aux espèces locales.
Le programme européen « Villes durables » veut encourager les municipalités à reproduire un équivalent local de l'Agenda 21, ou « Agenda pour le XXIe siècle » établi lors du sommet de Rio en 1992. 150 Etats s'accordaient alors sur les principes d'une politique de développement « économiquement viable, écologiquement durable, socialement équitable ». Après la naissance du Comité 21 en France en 1995, 16 agglomérations s'étaient engagées à mettre en place leur Agenda en 1998. Ainsi Reims, Dijon, Besançon, Amiens, Angers, Mulhouse, Nancy, Rennes, Le Mans, Toulouse et Limoges consacrent plus de 25 % de leur budget à l'environnement.

(Suite de la page 103) libératoire, où des activités secondaires ou tertiaires peuvent conditionner l'activité principale. Paul Yonnet ayant introduit à ce propos le concept du « rendement marginal de loisir », il demande de prendre en compte des situations dans lesquelles les arbitrages ne sont pas forcément apparents. Ainsi, quand on décide d'assister à une épreuve sportive chez soi ou voir un film à la télévision plutôt qu'au cinéma.

En fait, le loisir est devenu « le temps dominant mais pas structurant de la société ». C'est toujours le travail qui structure, y compris pour ceux qui ne travaillent plus, obligés de se conformer à ses rythmes (le *prime time* est déterminé par le temps de travail), et, non seulement cette situation va perdurer, mais elle ne saurait évoluer. « La seule grande nouveauté, aujourd'hui », par rapport au sens des loisirs du XVIIIe siècle qui étaient l'apanage de certaines classes, note toujours Paul Yonnet, « c'est que ce sont ceux qui ont le travail qui ont le loisir », l'un et l'autre étant indissociables. Il imagine qu'à l'avenir, proche, le week-end va s'allonger pour être de trois jours et que l'évolution ira vers un accroissement des week-ends de détente et des phases de vacances courtes tout au long de l'année, comme cela commence à être le cas pour certaines catégories de familles. Mais, ajoute-t-il, « la demande sociale fondamentale » résidera de plus en plus dans l'alternance de temps de contrainte et de temps de loisir car « la force du loisir a besoin de se ressourcer dans la contrainte, au risque, sinon, de s'épuiser ».

Pour que cet arbitrage continue d'avoir lieu, il faudra « que le travail perdure », avec une conséquence : il sera de plus en plus nécessaire de réinventer de la contrainte à cause de la réduction du temps de travail et de l'allongement du temps de retraite. Il reviendra pourtant aux loisirs de reconstituer le lien social qu'assurait, plus ou moins bien, le travail. Ce sera l'enjeu sociologique, philosophique même, de l'avenir et on voit qu'il en est déjà ainsi, au travers d'un certain nombre d'événements ou de manifestations qui répondent à un besoin de sociabilité. Lors de la finale de la Coupe du monde de football, la France devient un (Suite page 111)

A l'abri d'un dôme transparent, le château d'Amboise, sur la Loire, ne souffre plus de la pollution. Et les touristes apprécient : il

Chayan Khoï

fait toujours beau sous la bulle…

Amboise sous bulle

Inscrit au patrimoine national depuis 1981, le château d'Amboise a reçu plus de 380 000 visiteurs en 1997. Il est l'un des 1 825 monuments protégés de la région Pays de la Loire. En France, en 1995, les sites culturels ont reçu plus de 18 millions de visiteurs.
L'intégrité du patrimoine peut pâtir de cette affluence : les dégradations à l'intérieur des monuments sont souvent dues à la respiration des visiteurs, qui provoque une forte hausse de la température et de l'humidité. Un touriste produit en une heure 110 calories et 130 g d'eau dans une atmosphère non ventilée à 22° C. Ce phénomène porte atteinte aux fresques et aux peintures. La forte pression humaine sur le milieu naturel peut également compromettre la conservation des monuments. Ainsi, Venise souffre d'un puisage abusif de la nappe phréatique : les vieux immeubles s'enfoncent peu à peu.
L'effet de la pollution, surtout en milieu urbain, est bien connu. Les dégradations sont manifestes sur les façades extérieures, encrassées, et dont les pierres sont peu à peu attaquées. Les structures métalliques sont atteintes par l'oxydation.
Comment mieux protéger le patrimoine ? « L'idée de mettre sous bulle un site ou un monument pour le tenir à l'écart de toutes les pollutions est séduisante, mais pas nouvelle », remarque François Gauthier, architecte, spécialiste des sites sous bulle (il a notamment conçu le site de Center Parcs) ! « Si l'on sait traiter l'esthétique, explique-t-il, et si l'on accepte de renoncer aux arguties des thuriféraires de l'intégration dans les paysages, on peut sérieusement aborder la question pour le XXIe siècle. Certes, cela pose de nombreux problèmes techniques (dimensions des structures, phénomène de condensation), mais les ingénieurs savent les résoudre. En revanche, comment résoudre les problèmes de création de pollutions spécifiques à l'intérieur de la bulle ? »
À défaut de prévenir, on se contente donc de rénover, de réparer les dégâts. En 1998, 1,6 milliard de francs a été consacré aux travaux de rénovation, soit près de six fois le budget de 1980. Plus de 800 mesures de protection ont été prises en 1995, dont 204 classements (198 au titre des monuments historiques, 6 en archéologie).
Des quotas sont parfois mis en place lors de grandes affluences, ou dans le cas d'une extrême fragilité du site. La grotte Chauvet, découverte en 1994, ne sera jamais ouverte au public. L'objectif annoncé est toutefois de permettre l'accès au plus grand nombre. Les opérations promotionnelles, comme les Journées du patrimoine, lancées en 1982, ont permis l'accès de nombreux visiteurs supplémentaires.
En 1997, au Louvre, plus de 5 millions de personnes ont visité les salles, dont plus de la moitié bénéficiait de la gratuité. Ce type d'opération peut aboutir à une surfréquentation brutale. Avec les visites virtuelles, les nouvelles technologies pourraient peut-être permettre de concilier diffusion et conservation.

(Suite de la page 107) grand stade et, comme autrefois avec la messe ou les guerres, chacun a le sentiment d'appartenir à une même société. De même, paradoxalement, pour les bouchons de départ en vacances. En étant dans les embouteillages, chacun participe d'une même célébration, fait partie de cette société qui se donne à voir qu'elle vit, ensemble, en communion presque, la grande transhumance estivale.

Pour toutes ces raisons, la fracture ne passe pas entre des pratiques populaires et marchandisées et des pratiques d'autonomie. Au contraire, tout se confond. Il n'y a fondamentalement pas de différence entre une finale de coupe d'Europe et un spectacle culturel, où le public vibre à l'unisson. Il ne faut pas porter de jugement de valeur et admettre plutôt que chacun s'approprie le loisir, se l'invente, et, bien loin des normes culturelles, a de plus en plus tendance à en être l'acteur, bien avant d'être l'amateur, une position connotée qui renverrait à des normes optimales.

Paul Yonnet fournit une illustration de ce point en partant de la télévision, dont il rappelle qu'elle est de loin le premier loisir. Distinguant d'ailleurs la société d'avant et d'après le petit écran, il note que l'on « va à la télévison » comme on allait autrefois au cinéma ; c'est-à-dire que le film qu'on voyait n'était que le prétexte à une forme de sociabilité. Celle-ci s'exerçait « sans discrimination du spectacle » proprement dit, indépendamment de lui et, en réalité, le public créait son événement autour du prétexte qu'il s'était choisi pour support. « La critique cinéphilique a réalisé son programme au-delà de toute espérance », note-t-il ironiquement. « Elle a en effet détruit ce sur quoi la connivence reposait, puisqu'elle a obtenu que la sélection du film s'opère avant d'aller le regarder ! »

Ce phénomène lui fait dire que les grandes surfaces et les commerces résisteront à la concurrence d'Internet. « Nous sommes dans l'univers de la séduction, observe-t-il. On préfère aller voir. C'est aussi une bonne occasion de se faire plaisir et, d'une certaine façon, de se donner en spectacle. L'acheteur est dans le spectacle, il en est l'acteur… » A son tour, Roger Sue[2] développe une analyse qui présente des similitudes avec celle de Paul Yonnet.

Lui aussi souligne que « le temps libéré du travail n'est pas réductible aux loisirs » et, au passage, reproche aux politiques d'avoir fait l'impasse sur les usages de ce temps discrétionnaire lors de la mise en application des 35 heures. En référence à 1936, il y voit même « une occasion manquée » alors que l'on célébre le centième anniversaire de la loi de 1901 sur les associations, en plein développement, et qui témoignent d'une « imprégnation sociale » évidente.

Si le temps libéré ne se limite donc pas aux loisirs, il faut également noter que, dans leur ensemble, les budgets « temps » ne connaissent guère d'évolutions, tandis que les pratiques de loisir, elles, donnent l'impression « de bouger un peu ». Ces dernières augmentent toutes, y compris la lecture et les pratiques culturelles, quoi qu'on en dise, mais avec une tendance qui consacre le passage de pratiques d'amateur au désir d'être acteur de ses loisirs.

A l'avenir, le problème résidera dans la manière dont le temps libéré deviendra de plus en plus central pour la société et, partant, pour la démocratie. « On ne peut pas penser que le temps libéré ne pourra pas avoir à terme une importance productive », estime Roger Sue, que ce soit en formation, en services rendus ou en prises de conscience, notamment dans les attitudes de consommation. On ne peut pas tenir de plus en plus compte de ce que représente le capital humain ou de ce que l'on désigne par « le savoir-être » et les attitudes comportementales, dans le travail et lors des recrutements, particulièrement pour les cadres, et ne pas s'interroger sur « l'ailleurs où se produit cette richesse de la richesse », à coup sûr logée dans les activités du temps libéré.

C'est là où le raisonnement introduit la relation avec le temps de travail, nécessairement ténue, et appelée à devenir complexe. Dans les enquêtes, la valeur travail n'a jamais été placée en tête et a toujours été précédée par la famille ou la vie personnelle ; « ce qui est encore plus vrai pour les jeunes et même pour les mieux diplômés ». Les dimensions individuelles, qui forgent la personnalité, sont devenues prédominantes. Parallèlement, ce qui entourait le travail a été détruit avec la crise, puis avec les exigences de l'économie moderne. « Ce qui était positif dans le

La dilution des frontières travail-loisir

travail, bien avant la tâche accomplie ou la fonction, c'était son environnement, le lien social qu'il générait, l'identité sociale qu'il accordait », explique Roger Sue. « Or, c'est cette partie qui n'est pas reconnue aujourd'hui dans le travail et qui s'est naturellement investie ailleurs, dans d'autres types d'activité, ou qui justifie l'identification par procuration aux grands événements sociaux. »

Bien malin qui saurait dire où on en est de cette transition et ce qui va advenir de cette mutation, synonyme d'ambivalence, qui est en train de se produire, poursuit Roger Sue en évoquant un aller-retour, le hors-travail permettant de réinvestir ce qui vient du travail, puis se réinvestissant à son tour dans le travail. Toutes choses par ailleurs amplifiées par la tendance à l'extension de la pression du travail sur la vie privée et sur les temps libérés avec le risque, toutefois, d'aboutir à une forme de contradiction « entre ce qui se vit dans l'entreprise et ce qui se passe à l'extérieur ».

On devrait, par suite, assister à une interpénétration des temps, à une dilution des frontières, et non pas à une succession de temps isolés. L'enjeu est, pour le citoyen, de reprendre le pouvoir sur le terrain économique, de faire entrer dans les faits la révolution du temps choisi.

Observateur des modes de vie et des évolutions, Robert Rochefort[3], directeur du Credoc (Centre de recherche pour l'étude et l'observation des conditions de vie), ne s'aventure pas sur ces terrains, mais les confirme amplement par ses notations. Il en déduit un certain type d'attitudes à adopter de façon pragmatique, mais cela l'amène surtout à mettre en évidence des contradictions ou des « tensions » qui pourraient naître de la juxtaposition d'un essor prévisible des loisirs et de la préoccupation du développement durable. Lequel, selon lui, loin d'être un concept fourre-tout, consiste d'abord en une attitude qui « force à un raisonnement global ». « C'est, dit-il, une gymnastique, un concept plastique qui oblige à régler des problèmes contradictoires, qui permet de réfléchir et qui nous renvoie et nous contraint à dégager notre propre cohérence. » En application de cette manière de voir, Robert Rochefort imagine donc que le développement durable appliqué aux loisirs suppose, y compris dans une logique *(Suite page 117)*

Le Mont-Saint-Michel a été désensablé. Des paquebots géants accostent. Si le tourisme de masse explose, le nombre de sites

Médiacryptage

exceptionnels, lui, reste limité.

Escale au Mont-Saint-Michel

L'explosion du secteur des croisières est sensible en Europe, avec un démarrage plus tardif cependant qu'aux Etats-Unis. La capacité des paquebots ne cesse d'augmenter. Ainsi, le Costa Atlantica, dernier joyau de Costa Croisières, accueille 2 680 passagers et 920 membres d'équipage. Selon sa taille, le bateau a un accès plus ou moins privilégié aux sites. La capacité des ports conditionne fortement les escales. En France, peu sont équipés pour recevoir ces géants des mers, ou pratiquent des tarifs trop élevés, au profit de ports comme Barcelone.

Des sites protégés, comme l'Ile de Pâques, sont interdits à la circulation maritime. Lorsque le site ne permet pas d'accueillir le bateau, d'autres solutions sont trouvées, puisque l'escale reste l'élément essentiel d'une croisière. La mer en soi n'est pas toujours la priorité de la clientèle des croisières, qui recherche avant tout un hôtel de luxe flottant, lui permettant d'aller d'une escale à l'autre. Les programmes prévoient en général une excursion par jour.

Dans le domaine environnemental, Michel Bagot, expert consultant en « tourisme flottant organisé », constate que les gros bateaux sont les plus équipés pour le traitement des déchets produits. En effet, la taille importante du navire permet une gestion à bord. « En revanche, les petits bateaux, à voile ou à moteur, sont souvent peu respectueux de l'environnement. Paradoxalement, ce type de moyens de transport, qui permet une approche des littoraux, dans tous les sens du terme – c'est souvent un argument de vente – est aussi celui qui peut avoir le plus d'incidence sur le milieu naturel ».

(Suite de la page 113) de marché, un enrichissement des personnes avec des loisirs « assez partagés refusant la ségrégation sociale ». Il remarque que des « bribes » vont dans ce sens, grâce à une forte intervention des pouvoirs publics, et cite pour mémoire la politique de parcs régionaux, la préservation du patrimoine ou l'appui accordé aux activités de plein air, au sport et aux activités civiques.

D'accord, lui aussi, sur la tendance à un temps libre de plus en plus important, mais fractionné, il veut mettre l'accent sur le rapport entre les temps et le lieu. En fait en arrive-t-il à penser, c'est le « marquage par le lieu » qui est déterminant ; c'est lui qui fait qu'on « se ressent principalement en loisir ou au travail », même si on pratique simultanément les deux, compte tenu des évolutions des formes de travail précisément. « Le lieu où on est n'est pas dématérialisé », indique-t-il : il détermine la façon dont on se perçoit.

En revanche, notre désir de loisir peut entrer indirectement en conflit avec des préoccupations environnementales ou d'équilibre. Entre notre souhait légitime de nous déconnecter, d'opérer une rupture avec notre quotidien et les conditions d'exercice de cette aspiration, il peut y avoir des tensions ou des contradictions. « Mentalement, nous distinguons l'avant et l'après du pendant, quand il faudrait mettre notre pratique en questionnement sur la globalité », continue Robert Rochefort : se déplacer vers des lieux préservés, qu'on souhaite maintenir en l'état et où on va se ressourcer, implique trop souvent de participer à l'aggravation du trafic aérien ou aux pollutions automobiles, par exemple. Autre illustration : « aller dans un gîte rural et profiter d'un parc naturel implique d'utiliser sa voiture. Autrement dit, une consommation touristique peut être en opposition avec l'idée du développement durable ». Constatant que le touriste « est égoïste, fondamentalement versatile », qu'il manifeste un intérêt temporaire pour un lieu et qu'il a une prédilection pour les sites qu'« il achète comme des cartes postales », on veut espérer une prise de conscience qui favoriserait des arbitrages plus cohérents. Il devrait être possible de conjuguer tourisme, loisirs et développement durable. A condition toutefois que des attitudes intégristes ne conduisent pas à une sanctuarisation des lieux. ■

CHAPITRE NEUF

Territoires du patrimoine

Savons-nous encore construire pour durer ?

Bâtir pour l'éternité, un rêve d'un autre âge

Comment populariser le développement durable dans une société qui a érigé en principe de gestion la rotation rapide : celle des biens, des modes, des standards...? Dans l'industrie automobile comme dans l'électroménager, dans l'informatique, jusque dans certaines programmes immobiliers (si l'on en juge par l'état de délabrement rapide de réalisations récentes), l'obsolescence et la mort des produits sont programmées dès leur conception.

Parangon de l'époque : l'objet jetable. On répare donc de moins en moins, on ne rapièce plus, on change directement de modèle. De quoi attraper le vertige. Il n'est pas étonnant que l'Occident soit si friand de musées (l'une de ses inventions) et de conservatoires, lui dont la physionomie a changé si rapidement depuis un bon siècle. Il n'est pas étonnant non plus qu'il se préoccupe de développement durable, lui qui a tant effacé, détruit, oublié. Le concept sent la culpabilité. Mais il n'est peut-être pas aussi généreux qu'il prétend l'être. Le geste de transmettre recèle toujours une ambivalence : il est à la fois don mais aussi, tacitement, devoir de préserver un héritage pour celui qui le reçoit. Nous voulons certes laisser un patrimoine naturel en meilleur état que celui que nous avons reçu. Nous voulons aussi laisser trace dans l'histoire, nous survivre. Peu de civilisations semblent avoir résisté à la tentation d'investir dans le monumental, rassurant dans son épaisseur et plus solide que le verbe, quel que soit son mode de transmission.

Construit-on pour durer, pour laisser une trace qui dépasse le seul geste architectural visible des générations présentes, pour marquer l'imaginaire des générations à venir ? Ou choisit-on de construire pour le seul temps présent, dans l'unique souci de marquer les esprits des contemporains et, avant tout, pour se faire plaisir ?

A cette double interrogation, il n'y a pas de réponse unique. Certaines sociétés, par choix culturel ou faute de matériaux adéquats, n'ont pas eu le souci de transmettre, du moins sur le plan architectural ; ce qui ne veut aucunement dire qu'elles n'aient pas eu la préoccupation de pérenniser leur culture. Ce qui amène Pierre de Lagarde, le producteur de *Chefs-d'œuvre en péril*, une des émissions *(Suite page 124)*

La carrière du Pyla

Les massifs dunaires ont aujourd'hui moins à redouter les Caterpillar que la surfréquentation ou la pollution. Le marché de la puce informatique, s'il est important, ne justifie en effet ni l'exploitation d'un site comme le Pyla, ni la construction, très coûteuse, d'une usine de traitement du silicium. « Intel dispose de dix usines dans le monde, chacune coûte au minimum 1 milliard de dollars », indique Jamel Tayeb, responsable du programme technique d'Intel France, chercheur en intelligence artificielle. La fabrication d'une puce nécessite de la matière première, mais la quantité utilisée est infime face aux 60 millions de mètres cube de sable de la dune du Pyla.
Jusqu'à la création du Conservatoire du Littoral et des Rivages lacustres en 1975, le prélèvement des matériaux était libre, selon certaines conditions. Ce type de site est aujourd'hui classé et protégé. Reste que les pertes des massifs dunaires sont estimées à 50 % sur la côte atlantique, et à 75 % sur la côte méditerranéenne depuis le début du siècle.
L'érosion se traduit dans les Landes par un recul de la côte de 1 à 3 m par an. De 800 000 à 900 000 m³ de falaises sont détruits entre Antifer et Le Havre chaque année. Le Conservatoire du littoral, qui possède aujourd'hui 10 % du linéaire côtier français (53 400 hectares), s'est fixé pour objectif d'acquérir 200 000 hectares à l'horizon 2050. Néanmoins, la conservation des dunes en l'état est délicate à gérer. Ce sont des paysages mouvants. Dans un souci de préservation, des épis sont parfois implantés afin d'empêcher l'érosion marine. « Ce type d'action n'est pas sans conséquence, puisqu'il contraint les sables dans leur déplacement. », indique Jean Favennec, chargé de mission Littoral à la Direction générale de l'Office national des forêts. La protection de l'environnement peut ainsi parfois aller contre son objectif. De même, la création de parcs naturels sur le littoral a parfois favorisé un tourisme jusqu'alors marginal. Ainsi du développement de la moto verte, qui endommage gravement les sols et nuit à la flore et à la faune.
La pollution massive des littoraux a également motivé les objectifs du Conservatoire. En effet, 37 % des capacités d'hébergement touristique sont situées sur le littoral, qui accueille 13 millions de personnes en été. En région Paca, ce sont 12 000 vacanciers qui investissent chaque kilomètre de côte. Sans évoquer les difficultés de l'équipement à suivre cette augmentation brutale de la population, des milliers de déchets, essentiellement plastiques, sont ramassés chaque année sur les plages.

Le sable de la dune du Pyla recèle un type de silicium intéressant

Géraldine Hervé

pour les fabricants de puces électroniques. Une concession leur a été accordée…

Des géologues ont découvert un gisement de métal rare dans le sous-sol de la butte de Vézelay. Au pied de la Basilique, les engins

Médiacryptage

de terrassement creusent la roche…

La roche de Vézelay

A Vézelay, la Basilique de la Madeleine (XIIe siècle) et la colline sur laquelle elle est érigée sont inscrites au Patrimoine mondial depuis 1979. Le site bénéficie ainsi d'une protection contre toutes les constructions ou installations pouvant nuire à son existence ou au paysage qui l'entoure. En d'autres lieux, les carrières – près de 8 300 recensées en France en 1996 – posent de réels problèmes d'intégration dans l'environnement. En 1993, la loi « Saumade » a posé les bases d'une gestion concertée, respectueuse de l'environnement. Les installations doivent notamment faire l'objet de schémas départementaux, qui prévoient une réflexion a priori sur le réaménagement du site en fin de vie. En 1997, si cinq schémas avaient été réalisés, près d'une centaine étaient encore en suspens…

Les carrières dites de « roches massives » fournissent la moitié des matériaux de construction utilisés par le BTP. Non seulement elles peuvent défigurer l'environnement, mais le traitement des matériaux, qui s'effectue en général à leur proximité, est souvent source d'émissions toxiques : 5 % de la pollution industrielle de l'eau leur serait imputable.

A défaut de pouvoir réduire ces nuisances, la loi sur l'air de 1996, dite loi « Lepage », a proposé un emploi plus important du bois (taux minimum de « matériaux bois » dans toute nouvelle construction). Il s'agit moins de vouloir substituer le bois à la pierre que de limiter les nuisances liées au traitement des matériaux.

Contrairement à d'autres régions du monde comme l'espace nord-américain, le bois reste, en France, cantonné à la construction des charpentes et fenêtres, son utilisation pour les cloisons et revêtements de sol étant très marginale.

(Suite de la page 119) qui a fait la gloire du service public à la télévision, à estimer que c'est l'Europe, essentiellement, qui non seulement recèle des trésors historiques mais s'est souciée de sa préservation. Jusqu'à se complaire dans sa sauvegarde, pour en tirer gloire et profit, autant pour transmettre ses valeurs - son patrimoine - que pour, confusément d'abord, sciemment ensuite, en faire un usage intensif sur le plan touristique qui se révélera une manne. A compter du XIXe siècle et de Viollet-le-Duc, assure-t-il, une prise de conscience s'est en tout cas produite qui a progressivement conduit à la situation d'aujourd'hui.

François Barré, ancien directeur de l'architecture et du patrimoine au ministère de la Culture, se montre beaucoup moins catégorique. Dans les classifications de l'Unesco, il note une opposition entre les sociétés qui considèrent que le patrimoine à protéger est issu de la culture humaine, dont l'objectif est de transformer la nature, et celles qui pensent que la seule valeur à préserver est précisément celle de la nature, vierge. La forêt amazonienne contre les temples d'Angkor, en quelque sorte ! Mais ce sont également, au fond, deux conceptions qui s'affrontent et qui renvoient à des attitudes philosophiquement antagonistes : les uns utilisent le monument à l'instar d'autres productions humaines comme le moyen de démontrer la capacité de l'homme à dominer son environnement et à lui dicter sa loi ; les autres n'ont pas ce genre d'orgueil.

Dès lors, en poursuivant le raisonnement, une conception tiers-mondiste du patrimoine peut rejoindre une attitude écologiste absolutiste qui défendrait le point de vue selon lequel une intervention humaine, quelle qu'elle soit, n'est jamais qu'une agression contre la nature. A cette aune, tout jardinier de génie qu'il soit, Le Nôtre serait un prédateur et Gustave Eiffel, en construisant le pont de Garabit, sur la Vézère, se serait comporté d'une façon que l'on condamne aujourd'hui dans le projet de Norman Foster, qui a imaginé un ouvrage grandiose pour que l'autoroute puisse franchir la cuvette de Millau. Si toutes les sociétés n'ont pas construit, et encore moins dans l'idée de durer, l'intention de laisser témoignage peut être elle aussi discutée. Un peu sommairement peut-être, Pierre de Lagarde veut

La forêt amazonienne contre les temples d'Angkor

croire que Louis XIV ne s'est jamais préoccupé de l'héritage qu'il laisserait avec Versailles. Mais la question mérite d'être posée car elle est au centre des justifications de l'acte de bâtir, pour soi ou pour l'éternité (ou les deux). La seule satisfaction du Roi-Soleil, et l'impression de magnificence qu'il imposait à ses contemporains lui suffisaient. De même pour les bâtisseurs de cathédrales, dont il pense que la volonté de « faire » importait avant toute chose.

Sur le même sujet, François Barré apporte un jugement nuancé. Il ne fait aucun doute, selon lui, que l'histoire de l'architecture se confond avec l'idée de durabilité ou de pérennité. Dans l'accomplissement d'un geste, il faut lire la volonté de laisser une trace de son génie créateur et de sa puissance. Le couple qui associe le prince et l'architecte s'explique ainsi, comme « l'affirmation d'une histoire, voire de l'Histoire », portée à la contemplation des autres hommes. En contrepartie, il faut bien admettre que ce sens donné au monumental est aussi l'expression d'un ordre dominant, qu'il soit religieux ou royal, et qu'il est le fait d'une société bien peu démocratique qui entend précisément frapper les esprits par les constructions à sa gloire. D'où également, peut-être, un désintérêt qui se nourrit de l'oubli, que ce soit pour les pyramides ou un château. Une leçon d'humilité qui devrait être méditée par les bâtisseurs ou leurs commanditaires actuels ou récents : il ne manque pas de mécènes privés, grands capitaines d'industrie ou hommes d'affaires, qui ont cru léguer des trésors achevés, et qui seraient abasourdis de découvrir ce qu'il en est advenu après leur mort. Si l'accomplissement monumental est d'essence fort peu démocratique, on peut même se demander si tel ou tel homme d'Etat, à l'exemple de François Mitterrand, peut encore croire qu'il laissera une trace...

Mais la réponse est là. Il en va des rêves de puissance et d'éternité des princes comme des rêves les plus fous. Précisément parce qu'il est censé entretenir la mémoire de celui qui l'a fait construire pour survivre et impressionner les générations futures, le monument devient insupportable à ceux qui n'ont connu ni cette dévotion, ni ses symboles. Pis, ou mieux, ce sont les successeurs eux-mêmes qui, inconsciemment, veulent rompre avec cette représentation à *(Suite page 128)*

Ni pierre, ni bronze, ni socle : les statues de l'ère numérique jouent la transparence et flottent dans le ciel tel un satellite.

Chayan Khoï

La statue de l'Europe

L'Europe se dotera-t-elle un jour d'un équivalent américain de la Statue de la Liberté ? Elle y a déjà songé alors qu'elle ne comptait que douze membres, sous la forme d'un monument : il s'agissait d'un cercle de bronze de 60 mètres de diamètre. À l'intérieur, douze colonnes de marbre symbolisaient les pays de la Communauté, une treizième suggérait l'Europe en devenir. Le projet a finalement été abandonné.

Pour qu'une statue joue un tel rôle symbolique, il faut que « chacun possède les clefs de sa compréhension », souligne Bernard Gauthiez, chargé des études urbaines auprès de la division du patrimoine au ministère de la Culture. Ce fut le cas de la statuaire religieuse au Moyen Age ou, plus récemment, des monuments aux morts, parfois très réalistes, au sortir des guerres... Dans cette optique, Jérôme de Boisseson, architecte, suggère une nouvelle « semeuse », telle celle qui illustre nos pièces de monnaie.

En archictecture, la statuaire a cessé d'être un art populaire : sa vocation est plus ornementale que symbolique. Avant d'être des édifices, avec leurs propres fonctionnalités, les créations actuelles sont elles-mêmes des œuvres à part entière. Leur vocation est perceptible de l'extérieur, du moins est-elle symbolisée. La nouvelle bibliothèque d'Alexandrie, sorte de disque penché, d'un côté souterrain, de l'autre ouvert sur l'extérieur, raconte la résurrection d'un lieu, l'exhumation d'un savoir. Ses fonctionnalités disparaissent pour raconter une histoire.

(Suite de la page 125) laquelle ils voudront substituer la leur. D'où les reconstructions, les aménagements et les ruptures de styles ou leurs empilements par strates qui seront une façon de nier, si ce n'est l'héritage, du moins la déférence obligée, parfois sous couvert de modernité et de confort. Ce qui autorisera des rois – et on pense au Louvre – à effacer des traces du passé, selon un comportement bien éloigné du respect quasi religieux du patrimoine que l'on témoigne en cette fin du XXe siècle. L'architecte Pei n'aurait pas connu les mêmes cabales à la Renaissance ou sous Napoléon.

Quoi qu'il en soit, cette origine du patrimoine, qu'on qualifiera d'élitiste faute de mieux, se retrouve dans les classements d'aujourd'hui. François Barré affirme que, sur les 40 000 édifices officiellement répertoriés, un tiers sont religieux, 15 % sont des châteaux et 5 %, seulement, sont pratiquement contemporains. Des chiffres et une répartition qui sont, à ses yeux, le motif d'une autre interrogation qui rejoint le développement durable.

Sauf exception, « l'architecture du quotidien, elle, n'a jamais prétendu devoir être interprétée comme un signe adressé à la postérité » ; ce qui aurait été un péché d'orgueil. En revanche, il est tout aussi clair que, tout en n'étant pas reconnues jusqu'à une date récente comme des éléments constitutifs d'un patrimoine digne de ce nom, des constructions « domestiques » avaient été réalisées avec l'objectif de durer. Moins pour leur beauté ou leur fonctionnalité que pour assurer la pérennité d'un bien sur le plan patrimonial au sens strict.

Les centres-villes fournissent une illustration de ce propos. Même si les cités se sont continuellement recomposées, parce qu'elles étaient – et demeurent – des lieux de vie à adapter en fonction des besoins, leurs constructions témoignent de cette vitalité, objet aujourd'hui de tant d'attentions, enfin ! Il ne faut pas craindre pour autant que ces cœurs historiques se transforment en sanctuaires ou en musées, se persuade Pierre de Lagarde, rejoint en cela par François Barré : après tout, la ville ancienne, mise sous haute surveillance, ne représente jamais que 5 % du tissu urbain.

A contre-courant des opinions répandues, François Barré évoque une tout autre série de problèmes.

« Nous devons apprendre à regarder »

Plutôt que l'excès de conservation, nous serions, à l'en croire, menacés par l'inverse, tant notre faculté mortifère à l'amnésie est grande. Notamment à l'égard des constructions du XXe siècle que « nous devons apprendre à regarder » et que nous avons sans doute le devoir de protéger en faisant le tri entre « ce qu'on a le droit d'oublier » et ce qu'il convient de sauvegarder.

Un exercice moins facile qu'il n'y paraît : si l'architecture et la ville sont la vie, il faut aussi admettre la ville majoritaire, celles des grands ensemble y compris, qui appartiennent culturellement à leurs résidents. On l'a bien vu lors de la destruction en 2000 d'une barre à La Courneuve, les habitants contestant la disparition d'un symbole qu'ils identifient à leur histoire.

L'argument ne manque pas de pertinence. D'autant que 1 100 bâtiments du XXe siècle, seulement, sont actuellement protégés. Mais il faut aussi s'interroger sur le comportement d'un siècle qui a sans doute « produit » le plus de constructions, principalement dans le logement, et qui est aussi celui qui a commis le plus de destructions.

A cela s'ajoute une difficulté, qui ne doit pas être sous-estimée. Ce qui se construit aujourd'hui, et les architectes d'une certaine façon en revendiquent la responsabilité, n'a pas forcément vocation à s'inscrire dans la durée.

Certains créateurs prétendent même à l'éphémère tandis que les matériaux qu'ils utilisent ne leur garantissent pas la survie de leurs édifices. La volonté collective de garder trace se heurte alors à l'usure programmée du bâti ; ce qui a été le cas pour la restauration de la maison du peuple de Jean Prouvé à Clichy, pour les halles en béton du Boulingrin de Freyssinet à Reims et pour certains bâtiments de Le Corbusier.

« On ne garde pas tout, on ne peut pas tout garder, mais il faut garder le plus possible », se rassure Pierre de Lagarde, qui défend une notion toute relative et fait malgré tout confiance à l'avenir. « Fort heureusement, la notion de patrimoine ne cesse d'évoluer. Hier on a reconnu l'architecture en fonte et en fer, comme pour le pont de Garabit. Aujourd'hui, l'usine Menier de Noisiel, siège français du groupe Nestlé, est classée ». ■

CHAPITRE DIX

Territoires du bien-être

Le bonheur est-il dans les gènes ?

Le génie génétique nous promet un avenir meilleur

Il y a la version qu'on appellera angélique, minoritaire. Elle consiste à considérer les progrès de la science sans crainte, sur la foi de la culture scientiste passée et de ses incontestables succès. Nous n'avons plus tellement idée, aujourd'hui, des certitudes dont elle était capable.

Pour essayer de s'en remémorer la puissance et les excès, rien ne vaut cette anecdote, racontée par Bertrand Schwartz, polytechnicien et ancien directeur de l'Ecole des mines de Nancy, neveu du grand pédiatre Robert Debré. Un jour, son frère Laurent (médaille Fields de mathématiques en 1950), voit passer un corbillard. Se tournant vers sa mère, l'enfant qu'il était alors demande des explications et, comprenant que le cercueil renfermait un mort, s'écrie aussitôt : « S'il avait consulté oncle Robert, ça ne lui serait pas arrivé ! »

Depuis belle lurette, la confiance dans la science ou la médecine n'est plus aussi absolue et Laurent Schwartz, comme son frère Bertrand, s'amuserait sans doute de cette croyance. Il n'empêche que tout un chacun se prend toujours à rêver d'une médecine qui réussirait à vaincre les plus redoutables des maladies, d'une chirurgie qui accomplirait des exploits toujours plus étonnants, et à espérer pour bientôt une vie sans souffrance, épargnée par la douleur et les affections. En notre for intérieur, nous continuons de penser, logiquement d'ailleurs, que les limites du possible peuvent sans cesse être repoussées.

Mais ce qui était vrai pour la médecine le reste également, de façon générale, pour bien des domaines qui font actuellement l'objet de débats et de polémiques. Les avancées du génie génétique et la reconstitution maintenant assurée du génome humain, par exemple, permettent de croire que des révolutions sont à attendre dans la connaissance du vivant, du corps, et qu'il s'ensuivra des progrès spectaculaires, synonymes d'amélioration de la santé.

De même, et cette fois dans l'univers du végétal, les réalisations obtenues avec les organismes génétiquement modifiés (OGM) peuvent être regardées, si l'on est optimiste, comme la promesse de conquêtes décisives pour le bien-être *(Suite page 134)*

Les espèces optimisées

La tomate qui ne pourrit pas, produite par génie génétique, a été dégustée en 1995 à San Francisco, à l'occasion du Biomeeting. On en mesure tout l'intérêt pour les commerçants. D'un point de vue économique, et sur le court terme, il ne fait aucun doute que les organismes génétiquement modifiés soient rentables. Mais, selon Jacques Trouvilliez, de l'Office national des forêts, « ces recherches doivent aboutir avant tout à une meilleure connaissance des gènes, et non plus seulement à l'optimisation forcenée, qui peut conduire à la disparition de certaines races ou espèces ». L'évolution constatée dans le domaine des céréales à force de sélection drastique – 30 espèces seulement nourrissent 95 % de la population mondiale – est très risquée. L'apparition d'un parasite exigera peut-être de trouver d'autres souches de céréales. Dans le domaine animal, le constat est identique : 99 % des dindes produites aux Etats-Unis, par exemple, appartiennent à la même variété. Cette variété, que

Poulet sans plume, poissons carrés, fruits sans pépin, grenouilles à grosses cuisses : le génie génétique permet d'adapter les espèces aux besoins du commerce…

l'on retrouve également en France, ne peut plus se reproduire seule. A défaut d'insémination artificielle, cette dinde pourrait disparaître des assiettes en une génération. Pour l'inventeur du thème de la biodiversité, l'entomologiste Edward O. Wilson, on ne peut être défenseur de la biodiversité et adversaire des OGM. Un tel comportement oublie que la recherche génétique contribue à diminuer la pression sur l'environnement naturel et permet de préserver des informations. « Chaque espèce est une bibliothèque d'informations acquises par l'évolution sur des centaines de milliers, voire des millions d'années. »
La sauvegarde de la biodiversité est indispensable au développement futur : l'évolution, mécanisme qui permet à la vie de s'adapter au changement du milieu, est impossible sans un riche réservoir d'écosystèmes, de races et de variétés végétales et animales. La FAO (Food and Alimentary Organisation) a ainsi fixé le seuil critique pour le maintien des races animales à moins de 100 femelles et 5 mâles reproducteurs.

Photos François Poulain

(Suite de la page 131) de l'humanité tout entière. Quand on sait que 40 % des cultures sont perdues pour cause de maladies, la résistance d'espèces sélectionnées représente effectivement un progrès. Non seulement l'état sanitaire de la production alimentaire sera assuré, mais on peut penser que, les performances étant meilleures, les gains de productivité seront considérables pour l'agriculture. Au-delà des conséquences économiques pour le secteur, c'est, à terme, prévoient certains, la garantie de pouvoir nourrir toute la planète.

A cette version-là, idyllique, s'oppose une autre, plus largement répandue et nettement moins crédible. A son propos, on entend même la complainte du soupçon, sous couvert de l'indiscutable principe de précaution. De nombreux exemples le prouvent, les progrès de la science n'ont pas toujours été porteurs de bienfaits. Au contraire, il existe des cas où les conséquences imprévues de tel traitement médical ou de tel médicament ont laissé des séquelles durables. De même, des techniques nouvelles ou des produits utilisés sans se soucier de leur impact futur sur l'environnement ont provoqué des désastres écologiques ou font planer un risque. Le nucléaire et les armes bactério-chimiques, pour ne citer qu'eux, sont là pour prouver que des limites sont vite franchies. Sans parler de la menace de l'intervention d'un docteur Folamour, qui n'existe pas que dans les films de science-fiction. Depuis des années, des mouvements se sont fait une spécialité, le plus souvent à bon droit, de dénoncer ces situations potentiellement destructrices d'un équilibre. Nul doute que ce courant se renforcera dans les temps à venir et que son influence viendra donner un coup d'arrêt à certaines pratiques dangereuses. La prise de conscience, par l'opinion publique, gagne du terrain et c'est tant mieux.

S'agissant du génie génétique pour l'espèce humaine, ou des OGM dans l'ordre du végétal, les craintes sont à la mesure des espoirs caressés par la science. Il peut y avoir manipulation et sélection, comme on peut également redouter que des pratiques sans précaution portent des atteintes irrémé-

Etre à la fois moins naïf et moins catastrophiste

diables ou se traduisent par des dégradations durables. Mais au-delà de conséquences pas toujours mesurées, ce sont aussi les questions éthiques, soulevées par les usages et, plus encore, par les implications de certaines découvertes et techniques sur le sort de l'humanité et de sa planète, qui doivent préoccuper gravement. Jusqu'où irait-on si les progrès de la génétique conduisaient à admettre l'eugénisme et banalisaient l'exigence absolue de santé ? Peut-on accepter que des espèces végétales soient condamnées à disparaître, parce que non rentables ? Et peut-on se satisfaire d'un monde où la science imposerait ses diktats sans contrôle démocratique ? Face à ces deux hypothèses, diamétralement opposées, Jacques Testart [1], auteur de nombreux ouvrages sur le sujet, et directeur de recherche à l'Inserm, connu pour la qualité de ses travaux et sa réflexion, développe une argumentation à la fois moins naïve et moins catastrophiste. Il s'inscrit même en faux contre certains lieux communs du débat actuel, et y oppose une lecture qui ne se réduit pas à une pensée unique.

En expert, il estime qu'on « fait trop de battage autour de technologies qui n'ont pas encore démontré leurs capacités » ou, du moins, qui n'ont pas confirmé leur opérationnalité. Il s'insurge à l'idée qu'on puisse prétendre que les thérapies géniques vont permettre de guérir, alors qu'elles « ne marchent pas encore ». Des expériences menées avec succès sur des rats en laboratoire ne signifient pas qu'on va pouvoir transposer immédiatement – à supposer que cela soit finalement possible – les résultats obtenus sur des êtres humains. On peut certes nourrir de grands espoirs, et ne pas s'en offusquer, mais il faut pour l'instant raison garder : tous les bilans scientifiques tendent à prouver que les applications scientifiques en matière de médecine ne sont pas encore au rendez-vous, en dépit de communiqués de victoire triomphalistes. Ainsi, la connaissance du génome (encore incomplète, tout de même) n'a rien à voir avec un quelconque transfert thérapeutique. Quand bien même on aurait isolé le chromosome 21, on ne pourrait pas reconstituer de sitôt la normalité. Il *(Suite page 138)*

Les tournesols du Capitole

Les plantes ont non seulement la capacité d'absorber le CO_2, elles peuvent également capter et transformer des éléments polluants. Ceux qui sont situés dans le sol, par exemple. Le recours à des plantes avait été envisagé pour les sols irradiés de Tchernobyl. « Lors de cette catastrophe, il a fallu trouver des solutions pour dépolluer les terrains d'une manière extensive », explique André Vermeglio, biologiste au Commissariat à l'énergie atomique (CEA). « Un gazon dont la pousse s'effectue en biais offrait deux avantages. Il permettait d'abord d'absorber une partie du césium ; sa pousse en biais facilitait l'arrachage de la couche superficielle de terre contaminée. » Certaines plantes possèdent des propriétés d'hyper-accumulation des métaux. Elles sont utilisées, par exemple, sur les terrains riches en cadmium. Des recherches sur les gènes impliqués dans les phénomènes d'hyper-accumulation sont d'ailleurs en cours au CEA. Les OGM ouvrent de nombreuses perspectives. Dans l'agriculture déjà, elles permettent la production de semences plus résistantes. Les laboratoires américains et européens étudient également la possibilité d'« exprimer » les propriétés d'une plante dans une autre. Les produits agricoles destinés à l'alimentaire seraient enrichis en acides aminés essentiels, les constituants nutritifs seraient modifiés. Ainsi, du carotène serait exprimé dans le riz. À terme, les conséquences sur les cultures et les pratiques alimentaires pourraient être considérables. Les biocarburants pourraient également bénéficier de ces avancées.

Sur la place du Capitole à Toulouse, des champs de tournesols modifiés génétiquement

Médiacryptage

pour absorber les polluants de l'air rendent l'atmosphère enfin respirable…

(Suite de la page 135) y a donc une ambiguïté, en l'état, à vouloir faire croire « soigner les gens ».
Il en va de même pour les « alicaments » et les OGM, sur le plan de leurs bienfaits supposés et de l'amélioration de la productivité qu'ils sont censés offrir. Aucune étude n'autorise de telles conclusions, par exemple pour le maïs et le colza, modifiés ou manipulés, pourtant au centre de polémiques incessantes. Non seulement les avantages escomptés ne sont pas démontrés mais les risques imaginés ne sont pas plus avérés ou assurés. Dès lors, à suivre Jacques Testart, on se trouverait « dans l'idéologie » et rien d'autre. Ou, plutôt, les querelles actuelles seraient d'autant plus infondées que le vrai enjeu ne se situerait pas là.

En réalité, il y a dans toutes ces batailles des intérêts économiques. Les multinationales les mènent pour s'assurer des parts de marché ou développent leurs stratégies, moins pour des raisons scientifiques que pour des objectifs de contrôle ou d'hégémonie, voire de concentration des pouvoirs, transformant de surcroît le paysan en client. Pis, et ce serait un précédent inédit pour la technoscience, la recherche elle-même pourrait y perdre son âme, sa conscience, pour se limiter à une recherche compétitive selon des critères exclusivement économiques, au détriment de sa responsabilité qui ne doit, au surplus, s'envisager désormais sans un contrôle démocratique. Le tout repose sur un gigantesque bluff, qui dissimule l'essentiel. Pour le dire autrement, Jacques Testart estime que quand des chercheurs affirment pouvoir prochainement aboutir à des applications sur l'homme à partir de résultats obtenus sur des embryons de rats, ils servent davantage leurs carrières et leur renommée, source de profits potentiels. Ils favorisent d'abord la création de *start-up* dont tout le monde s'est entiché, y compris au sein des pouvoirs publics, et répondent ainsi au souhait, devenu collectif, de voir des chercheurs monter leurs propres entreprises performantes, technologiquement aux avant-postes de la compétition mondiale.
D'où la surenchère actuelle sur les découvertes et leur transférabilité opérationnelle qui ne reste

L'euphorie actuelle peut retomber

cependant qu'hypothétique, le plus souvent. « Ça peut bouger, bien sûr », continue Jacques Testart, « mais les greffes tissulaires ont d'autant plus d'intérêt que l'on connaît par ailleurs une situation de pénurie des greffes. » L'idée de marché, même virtuel, ne serait donc jamais très loin. Et de se lamenter des conséquences d'une évolution qui fait que l'émission du Téléthon recueille 400 millions de francs en une journée, soit l'équivalent du budget annuel de l'Inserm…

En conséquence, les dangers seraient beaucoup plus politiques et économiques, et concerneraient moins la santé, notamment pour tout ce qui touche aux domaines alimentaires. Derrière le prétexte d'une « grande union » avec le secteur privé, voulue politiquement, le chercheur voit se profiler la remise en cause de la recherche publique, traitée en outre par le mépris. L'euphorie actuelle peut retomber, le mal aura été fait si les résultats économiques ne sont pas au rendez-vous, si les bénéfices sanitaires ou médicaux ne sont pas conformes aux espérances et si les *start-up* finissent en déconfiture. « On est en plein libéralisme », s'exclame-t-il, se référant aux velléités de tout breveter, du génome humain aux animaux transgéniques ou aux protéines.

Sans partager totalement cette vision, Serge Michels, spécialiste en sécurité alimentaire, en confirme l'analyse, pour l'essentiel, mais sur un ton modéré. Une fois de plus, on est loin, avec lui, de la candeur des optimistes à tout crin et de la paranoïa des soupçonneux invétérés. Pour bien comprendre la situation, il faut, selon lui, en revenir à quelques données simples, éclairées du passé, qui tendent à démontrer que ce que l'on nous présente comme des maux du futur fait déjà partie de notre présent. Et qu'on n'y trouve pas que des inconvénients, bien au contraire.

Ainsi, il faut commencer par admettre que ces « grands Satans » que sont prétendument les multinationales ne s'orientent que vers des solutions qui, au final, ont pour objectif de rencontrer le bénéfice des consommateurs. Ensuite, il convient de reconnaître que les semenciers ont été les premiers à rechercher des techniques permettant la protection des plantes et qu'ils se sont logiquement intéressés à celles qui seraient alternatives aux interventions chimiques ou qui offriraient une plus grande résistance aux herbicides, par exemple.

Enfin, il faut savoir que tout cela est déjà extraordinairement contrôlé ou réglementé ; bref, que cet « enfer » que l'on nous promet pour demain existe déjà et que l'on s'en est accommodé parce qu'il nous apportait aussi du bien-être. En France, vingt variétés de blé représentent 80 % des volumes récoltés. D'une année sur l'autre, la réutilisation d'une même semence, déjà exploitée, n'est pas autorisée ; ce qui, au passage, réduit l'accusation selon laquelle les OGM seraient scandaleusement stériles, asservissant les producteurs au bon vouloir des multinationales. Non seulement c'est déjà le cas, peut-être à une moindre échelle, mais toutes les semences utilisées sont de plus inscrites dans un catalogue, aux fins de contrôle sanitaire et, pour compléter le tout, beaucoup sont déjà des semences hybrides, à l'instar du maïs.

Dès lors, où est le problème et en quoi les OGM se différencient-ils des conditions actuelles de la production agro-alimentaire ? Certes, on peut regretter que ces nouvelles technologies soient promises aux producteurs des pays riches, mais il faut également constater que, présentement, il en va de même pour les semences hybrides que n'achètent pas les pays pauvres, la loi du marché s'imposant là comme ailleurs.

En revanche, on doit regretter que des solutions ne soient pas plus étudiées, qui conviendraient aux conditions d'exploitation de certaines régions du globe. Par exemple, il n'y a pas d'impossibilité théorique à envisager des plantes qui seraient plus tolérantes à l'excès de sel contenu dans des terres pauvres. Mais si les grandes multinationales ne s'intéressent pas à ces projets, faute de rentabilité, rien ne devrait empêcher que la recherche soit conduite avec le soutien de budgets publics ou d'organisations telles que la FAO (Organisation pour l'alimentation et l'agriculture). Là aussi, la seule question qui vaille est politique : les choix économiques sont aussi des choix de société. ■

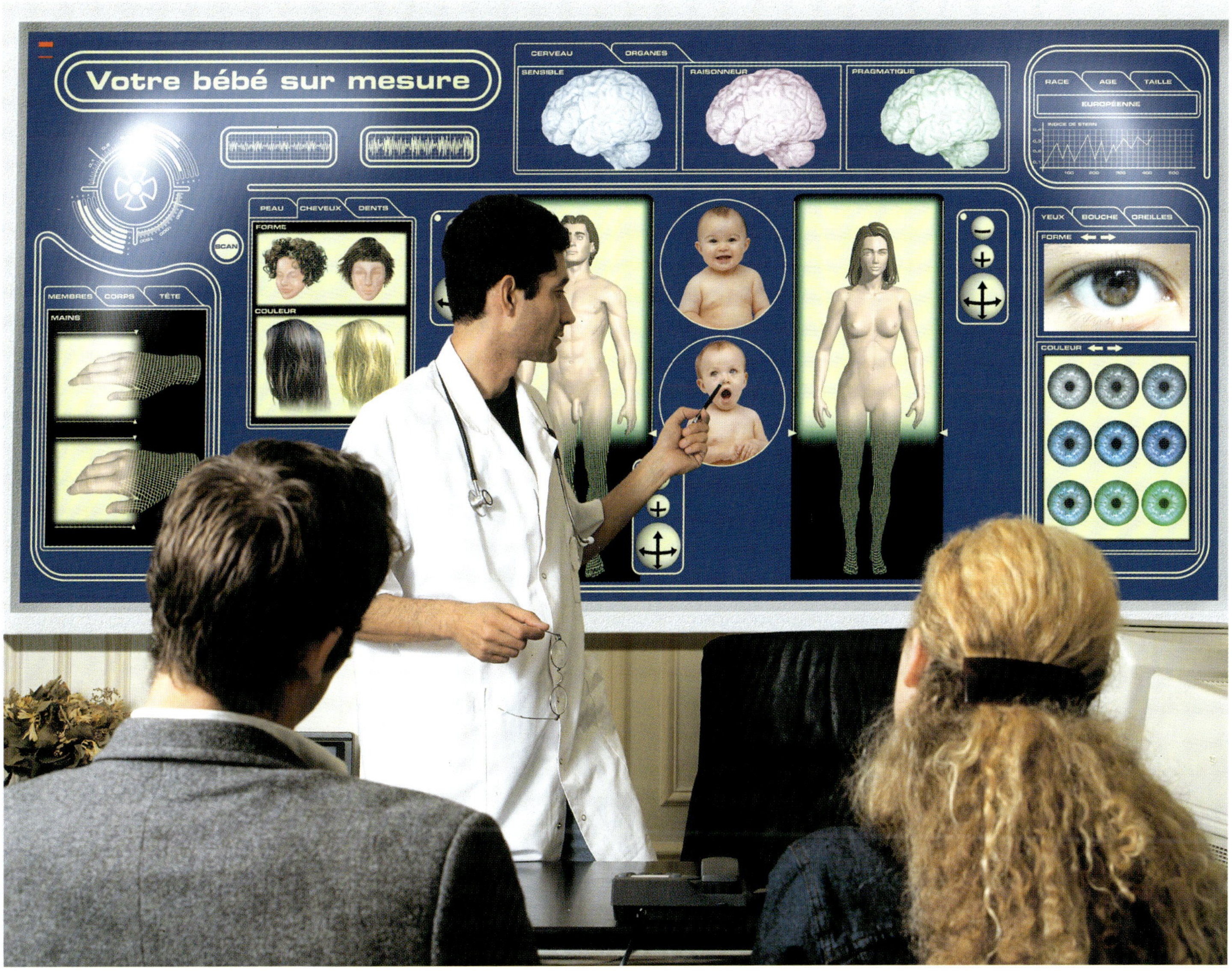

François Poulain

Un garçon ou une fille ? Plutôt artiste ou matheux ? Sans le gros nez de papa ? Dans les centres eugéniques, les bébés se conçoivent à la carte. Les couples choisissent…

Un bébé sur mesure

Une sélection génétique qui porterait sur le sexe de l'enfant à naître est possible aujourd'hui en France, mais celle-ci n'est pas pratiquée. En effet, un diagnostic prénatal précoce permet de connaître le sexe de l'enfant à naître : les parents peuvent alors décider d'interrompre la grossesse. Une autre possibilité, plus précoce encore, consisterait à sélectionner le sexe au cours d'un diagnostic pré-implantatoire. Après la fécondation in vitro, la connaissance du sexe permet de décider quel ovule fécondé sera implanté, mais ceci est illégal. Dans les deux cas, il s'agit d'une action d'eugénisme, non d'une manipulation génétique.
Pour les caractères autres que sexuels, aucune sélection n'est possible à ce jour. Quant au clonage reproductif, il a été interdit chez les humains par la première Déclaration universelle sur le génome humain, adoptée à l'Unesco en janvier 1998. En France, la loi du 29 juillet 1994 interdit les pratiques eugéniques par la sélection des gènes, de même que le recours aux mères porteuses.

CHAPITRE ONZE

Territoires de rêve

Le paradis a-t-il un avenir sur terre ?

Préservons des espaces libres et des jardins secrets

Pour beaucoup, dans nos sociétés désenchantées, les espoirs en l'au-delà ne font plus guère recette. Le paradis est à conquérir sur terre, ici et maintenant. Les rêves d'un ailleurs plus heureux, d'un lendemain meilleur, doivent plonger leurs racines dans l'épaisseur du quotidien. Humain, trop humain, terrien, trop terrien ? Peut-être. C'est tout l'enjeu et la force du concept même de « développement durable », né d'une conjoncture finalement récente – l'évidence de la dégradation accélérée du patrimoine terrestre –, mais surtout porté par la quête bientôt séculaire du bonheur ici-bas.

Qu'une société sans rêves soit une société sans âme, nul ne le contestera. Mais en un temps où le « qui dort, dîne » a tout de même moins cours qu'il y a encore un demi-siècle, les « songes-creux » n'ont-il pas remplacé les ventres-creux ? L'abondance, stade suprême du libéralisme, a cessé d'exercer son pouvoir de fascination. A quoi rêvons-nous donc, de quelles visions nos désirs sont-ils porteurs ?

Si la compréhension des rêves individuels se révèle difficile, celle des comportements collectifs ou des transes rituelles est plus accessible. Un anthropologue des siècles prochains entreprenant d'écrire l'histoire de nos rêves en décryptant des milliers d'heures d'archives télévisuelles, des kilomètres de bandes son et quelques millions de pages de magazines, selon une chronologie très fine, exhumerait non plus des temporalités marquées, comme autrefois, par de grandes secousses politiques, mais une suite de « rêves ». Rêves des congés payés, de la plénitude alimentaire, de l'automobile, de l'électroménager, des vacances en famille (puis sans la famille), de la résidence principale (puis secondaire), des voyages à l'étranger, jusqu'à la réalisation virtuelle des rêves promise pour demain. Ainsi, l'histoire s'arrêtera enfin et l'humanité, satisfaite, pourra piocher dans le grand libre-service de ses désirs.

Dès lors, faut-il s'étonner que, dans une Europe pacifiée et apaisée, tout occupée à commercer, les seuls rêves collectifs de dimension nationale se transfèrent naturellement vers les reliquats des terrains d'affrontements et d'émulation, comme l'a souvent souligné Norbert Elias : les enceintes *(Suite page 146)*

Trop de pollution, trop de touristes, trop d'incendies. Pour préserver les beaux espaces naturels, il a fallu les isoler… Des passages

François Poulain

souterrains permettent aux animaux sauvages de circuler.

Le sanctuaire

Depuis l'apparition de la vie, la Terre a connu cinq grands processus d'extinction d'espèces animales ou végétales. Le sixième se déroule sous nos yeux et, pour la première fois, l'action humaine en est la cause. Pour enrayer ce processus, les chercheurs américains ont entrepris d'identifier des centres de haute diversité, ou « hot spots » : 25 de ces sites regroupent 44 % de toutes les espèces végétales et 35 % des espèces de quatre groupes de vertébrés. Situés au Brésil, à Madagascar, en Asie du Sud-Est, en Nouvelle-Zélande..., ils occupent environ 1,4 % de la surface des terres émergées, précise Jacques Trouvilliez, spécialiste de biodiversité à l'Office national des forêts. Celui-ci évoque des limites à la création ex nihilo d'un conservatoire. Un hot spot artificiel implique la création d'un équilibre, d'une biodiversité encore insuffisamment maîtrisée. Un inventaire exhaustif des espèces animales (sans doute 10 millions) et végétales (100 millions) est difficilement concevable. « De plus, pour tendre à cette exhaustivité, il faut rapprocher des espèces aux habitats très éloignés. Les interactions entre espèces n'ayant jamais co-évolué dans un même milieu sont difficilement prévisibles », prévient-il. La préservation des habitats est l'une des conditions du maintien de la biodiversité. Un décret a officialisé en 1988, en France, les conservatoires botaniques. Huit existent déjà, deux sont en projet. Le 1er juillet 1994, la France a ratifié la Convention sur la diversité biologique.

(Suite de la page 143) de sports de masse. Nos rêves ne seront-ils bientôt plus peuplés que de ballons ronds, de clameurs de stades, de coups de sifflets ? Confusément, on le sent bien, l'enjeu est ailleurs. Il ne nous suffit pas que les espaces naturels soient préservés, que nous ayons réussi à vaincre la pollution, que la planète soit plus agréable à vivre, que les relations entre êtres humains soient aussi harmonieuses qu'il est possible de l'imaginer...

Dans notre for intérieur, nous ne nous satisfaisons pas davantage de ce qui, pourtant, représenterait déjà une victoire : produire et exploiter les richesses de la terre sans les épuiser, en respectant le futur, travailler plus librement et gagner des espaces d'autonomie...

Il nous manquerait encore quelque chose. Ce petit rien ou ce supplément d'âme qui est aussi la part du rêve ; ce qui fait le bonheur, tout simplement. Car notre exigence est infinie et ne saurait se limiter aux seules solutions techniques ou réglementaires de nos problèmes : nous demandons plus, individuellement et collectivement.

Qui plus est, nous n'aspirons pas tous à la même

chose, que nous ne savons d'ailleurs pas exprimer avec clarté. En revanche, il est tout aussi certain que notre souci englobe le sort qui sera réservé à nos enfants, à nos descendants, et que nous formulons, dans la crainte, l'espoir qu'ils connaîtront un monde meilleur, qu'ils auront le loisir de vivre nos rêves.
Des philosophes célèbrent volontiers aujourd'hui cette petite musique qui rythme nos vies et enjolive nos rêveries, teintées d'utopie. Celle-là même, décrite dans *le Robert*, qui fait croire à un pays imaginaire où un gouvernement idéal règne sur un peuple heureux...

Que cherchons-nous vraiment, qui fait le sel de nos jours et que nous voulons, avec force, entretenir ou préserver ? Nous voulons, par exemple, pouvoir nous émouvoir d'un paysage, d'un lieu ou d'un site, tout à la surprise de le découvrir sans l'avoir cherché, tout au ravissement qu'il nous procure, à nous, et peut-être pas aux autres. Il n'est pas nécessaire qu'il soit splendide, qu'il soit répertorié ou qu'il ait fait l'objet d'une attention précautionneuse pour le maintenir en l'état naturel ; non, il suffit qu'il existe et qu'il nous parle.
Les écrivains savent raconter ces émois, à la manière de François Mauriac qui plaçait sa joue sur les vieux arbres de Malagar. Et n'est-ce pas Mireille qui nous faisait le mieux rêver en chantant « le petit chemin qui sent la noisette » ?
En fait, il nous faut des espaces libres que nous puissions nous approprier par la pensée et dans lesquels nous puissions enfouir nos souvenirs, ceux de l'enfance comme les autres. Des objets peuvent aussi bien faire l'affaire : pour Orson Welles, tout le mystère de Citizen Kane, magnat de la presse, s'expliquait par Rosebud, la petite luge de ses jeunes années, son trésor perdu.
Il nous faut garder une place pour une rencontre, pour une fête impromptue, pour des moments de détente sans façon, puisque la convivialité, la capacité d'aller vers l'autre, le rire ou le bonheur d'être tout simplement ensemble font partie des plaisirs.
En sera-t-il toujours de même demain, si nos existences sont régies par la fonctionnalité et si les nouvelles technologies autorisent un repli sur soi, sur sa cellule ? Pour garder intact le goût des choses, on se projette plutôt dans un avenir où nos sens seraient

toujours en éveil, notre curiosité jamais rassasiée et notre esprit ouvert, tolérant et attentif. Nous sommes aussi en quête de la somme des petits plaisirs simples, de ces petits riens qui font le charme de l'existence, qui sont le plus souvent indicibles et que nous aimerions tant prolonger. Un bonheur humble, niché au cœur du quotidien, immanent, fait de plaisirs minuscules, un zeste de paradis.

Le succès même d'un petit livre comme *La première gorgée de bière* témoigne de l'attention que nous portons tous à ces petits bonheurs du jour, comme il en est de croquer une baguette croustillante ou de se verser un verre d'eau fraîche par un après-midi de grosse chaleur. Que des centaines de milliers d'exemplaires aient été vendus en France et des quantités dans d'autres pays occidentaux, et pas seulement européens, mais aussi jusque dans la Chine urbaine, démontre les vertus universelles de ces faits sans importance que sait si bien saisir l'auteur, Philippe Delerm[1]. Celui-ci a vu juste, il exprime mieux que nous ce que nous ressentions : oui, nous aurions presque pu manger dehors… ■

Chayan Khoï

Les territoires de l'image

Manières de voir

Cet ouvrage respire la manipulation. C'est une manière de voir. Il provoque, peut faire sourire ou même indigner. C'est une manière de penser. Aucune de ces images n'est actuelle mais aucune n'est impensable. Aucune n'est tout à fait réaliste – Paris n'aura plus cette allure lorsque les pôles auront fondu, la dune du Pyla, ainsi tailladée, s'écroulera, et le lit du Rhône, lorsque Avignon sera à sec, ne découvrira pas un lit si profond – mais aucune n'est complètement fausse. Les images de ce genre, que les techniciens disent « composites » car nées d'un assemblage de différents éléments, prolifèrent. Elles font le bonheur des publicitaires et de tous ceux qui, avec un simple ordinateur individuel, retouchent, assemblent, détourent ou détournent.

Lointaines filles de Picasso, Duchamp ou Dali, elles ont pour philosophie le collage. S'étonnera-t-on qu'à mi-chemin entre la création artistique, si on veut leur reconnaître cette qualité, et le photo-journalisme, elles peinent à trouver un statut. La force de l'image dans l'imaginaire n'est pas nouvelle depuis la montée en puissance de l'audiovisuel dans notre consommation quotidienne. L'essor du numérique fait évoluer la donne et modifie les repères.

Si le peintre n'est autre, selon l'expression d'Eluard, qu'un frère-voyant, l'animateur visuel, le « compositeur d'image » (ainsi appellerons-nous dorénavant les retoucheurs et monteurs d'images), n'est-il pas, lui aussi, un voyant d'un nouveau genre ? Et comme la photographie et la bande dessinée ont pu quitter les limbes des arts mineurs, les compositeurs ne doivent-ils pas être promus à un rang supérieur ?

L'avènement du tapuscrit n'a pas condamné l'acte d'écrire. L'uniformisation du support n'engendre pas celle de la phrase. La seule question qu'il faut désormais se poser est celle de l'inégalité de l'ère numérique. En un mot, avons-nous tous les bonnes lunettes pour lire les nouvelles images et les décoder ?

L'image ne relève pas, sauf pour une conscience naïve, de l'ordre naturel, que l'on soit placé devant la main anonyme des grottes de Lascaux, ou devant la Vénus de Lespugue en passant par les statues élevées aux grands hommes, voire les dédicaces personnalisées des triptyques religieux, jusqu'aux extravagants effets spéciaux des productions cinématographiques actuelles ! Avant d'être technique, elle est un fait culturel. Qu'elle soit fixe, animée, plane ou en relief, l'image présente nécessairement un caractère unique, personnel, même si un consensus minimal peut se faire autour d'elle.

Le photographe Edouard Boubat rappelait bien l'extrême diversité de clichés à prendre face à un même objet : ce qui distingue le professionnel de l'amateur sera toujours une sensibilité, une aptitude à penser l'exploitation de la photo, tout comme le musicien peut entendre la musique produite à la simple lecture d'une partition.

Avec la révolution de l'image numérique, de quoi s'agit-il au fond ? N'est-ce pas la simple mise à jour de principes narratifs éternels ? Qu'on détruise via les jeux vidéos des monstres effrayants, qu'on se gave d'informations sans liens, qu'on accumule dans des albums religieusement étiquetés les photos de famille, qu'on invente des images sans queue ni tête, que la publicité reproduise des nouveaux contes, tout cela ne correspond-il pas aux appétits de puissance d'une société et à la lutte qu'elle mène contre sa propre disparition ?

Dans un monde individualisé et désenchanté, l'émergence de nouvelles icônes ne sanctionne qu'une évolution : la numérisation de l'imaginaire. Les pouvoirs tant décriés du virtuel finiront toujours, par pixels interposés, aux portes de l'esprit. Et ceux qui participent à cette révolution numérique signent, sans en être bien conscients pour la plupart, les premières pages d'un manifeste virtualiste qu'il reste à rédiger.

Luc Jacob-Duvernet

Chayan Khoï

L'hôtel du Causse, tenu par la petite-fille d'un cafetier aveyronnais d'Espalion, offre une vue imprenable sur les couchers de Terre. Lorsque le temps est dégagé, on distingue nettement l'Europe et parfois même la France.

Les artisans de l'ouvrage

Sept compositeurs d'images et un photographe

Fabrice Redlenfer

« Une ambivalence qui nous fascine »

Pour Fabrice Redlenfer, 33 ans, l'image est depuis longtemps, de la propagande politique au surréalisme, objet de manipulation. « La vraie question est celle que posent la facilité et la généralisation de la retouche des images, ainsi que l'univers mystifié de la publicité et de la mode. Comment définir ces mannequins demi-dieux ou déesses rectifiés au bistouri puis sur la table de montage ? Apôtres d'une dictature de la consommation ou composants d'une œuvre d'art ? C'est peut-être cette ambivalence qui nous fascine tous. »

Lui-même se définit davantage comme un auteur que comme un artiste, terme nimbé, selon lui, d'une aura d'un autre temps. Il insiste sur l'aspect créatif de son travail : « Si les images sont souvent le fait d'une commande, de souhaits exprimés par un client en vue d'atteindre sa cible, la réflexion qui l'entoure permet souvent de rendre l'image encore plus aboutie. Dans ce sens, le numérique ouvre des perspectives extraordinaires. »

Géraldine Hervé

« Rester cohérent »

Géraldine Hervé, 29 ans, travaille à la fois pour la publicité, l'édition et des sites Internet dont elle conçoit l'habillage. Elle avoue un goût prononcé pour l'anticipation, « ce droit à imaginer l'avenir tout en restant cohérent par rapport à une réalité d'aujourd'hui. » C'est ce rôle d'illusionniste qui la fascine le plus. L'informatique lui permet de dépasser la réalité, l'objet premier d'une photographie par exemple, sans forcément trahir l'image de départ.

Pour elle, la création n'est jamais aboutie. « Seul l'auteur décide de son achèvement, en fonction de sa propre perception de l'image. » Grisée par les possibilités qu'autorisent les nouveaux outils informatiques, elle est en revanche très vigilante sur les messages véhiculés par les images qu'elle conçoit. De même, elle ne souhaite pas aborder certains sujets, trop sensibles, « parce qu'on ne peut pas tout manipuler, ni donner de l'épaisseur visuelle à une idée que l'on condamne par ailleurs. »

Chayan Khoï

« Le numérique n'est qu'un outil »

Architecte designer de formation, 38 ans, Chayan Khoï utilise le numérique pour finaliser ses images. L'essentiel de son travail porte sur la photographie. Une vingtaine de voyages par an lui permettent de rapporter les images nécessaires aux sujets qu'il a définis avant son départ. Cette quête est pour lui le moment le plus important, parce qu'elle est la part réellement créative de son œuvre. Sans négliger l'apport du numérique, cet amoureux du détail le considère avant tout utilitaire. Pour preuve, n'importe quel utilisateur des logiciels actuels, peut, avec un minimum de connaissances, avoir accès à la retouche photo. « S'il y a un phénomène ou une dérive manifeste, c'est celle de la saturation. La différence se fera par la créativité du photographe, qui sera capable de fournir les bonnes images pour le numérique, de raisonner par rapport aux possibilités offertes par cette technologie. »

Jean-Marie Vivès

« Attention à l'imagerie fast-food »

Jean-Marie Vives, 47 ans, travaille principalement pour le cinéma (« Les Visiteurs », « Alien IV », « Jeanne d'Arc »...), où les formidables possibilités du numérique facilitent les trucages. Il reconnaît savourer particulièrement la phase de réflexion préalable. En effet, si l'essentiel du travail peut se faire par ordinateur, la première étape, « la plus importante », est celle de la conception. Le numérique, aujourd'hui massivement utilisé, fait malheureusement souvent oublier le propos de l'image. Le recours à des logiciels identiques, qui aboutit à des images très proches les unes des autres, tend à une sclérose de la créativité. « Il suffit de regarder les jeux vidéo : si l'animation varie, l'imagerie est identique. Cela correspond à la tendance actuelle, celle d'une imagerie fast-food, prête à la consommation. Peut-être est-ce une question de temps, qui permettrait l'appropriation et la personnalisation de ces outils par les utilisateurs de ces technologies, assez récentes. Mais, l'absence de relation tactile, charnelle, est le véritable frein à ce bouillonnement créatif, absent aujourd'hui. »

Médiacryptage

« La pub impose des codes visuels »

L'agence Médiacryptage a été montée peu après l'avènement du numérique, alors que certains clients privilégiant le rendu qualitatif, hésitaient encore à l'utiliser. Patrice Le Goux, son co-fondateur, voit surgir peu à peu, dans le domaine de la publicité, « un standard en termes d'image, et là est le danger. On impose des codes visuels aux gens, un certain esthétisme. Avec la multiplication des images, le regard devant être sollicité immédiatement, l'image devient de plus en plus épurée, synthétique. Elle va au plus près de sa cible. » Et de poursuivre : peu de gens possèdent les clés de lecture de l'image numérique, sans lesquelles ils ne sont pas vraiment libres de leur jugement, de leur perception, et par là de leur choix. »
Bernard Courtois, l'un des graphistes de l'agence, apporte un autre éclairage : « l'image existe rarement pour elle-même, elle est élaborée en fonction d'une cible à atteindre. La légende qui lui est associée est tout aussi importante. C'est peut-être davantage ce texte qui va déclencher le regard sur la photo, son appréciation. »

François Poulain

« La créativité reste capitale »

Illustrateur pour des magazines comme Sciences & Vie ou Sciences et Avenir, François Poulain, 47 ans, est depuis longtemps un fervent adepte du dessin futuriste. Il jette aujourd'hui un regard amusé sur les moyens techniques d'alors, sur l'aérographie en particulier. Une époque « où il était pratiquement impossible de revenir au blanc. » La palette graphique a été une véritable révolution. Pinceaux, crayons pouvaient être remplacés par un stylet électronique. Au final, un plaisir inchangé : « la créativité est toujours sollicitée, même lorsqu'il s'agit de travailler sur les images d'un autre. » Il continue de passer par l'étape préalable du crayonné : « les essais "manuels" sont indispensables, le numérique n'apportant ensuite que la performance. » Ces nouvelles technologies lui ont permis de mieux satisfaire son goût de l'hyperréalisme. Cependant, selon lui, tout ne se prête pas au traitement numérique. Pour les personnages, notamment, « l'illustration manuelle reste plus adaptée. Cela tient à l'objet même. Un travail sensible, sensuel, est indispensable pour traduire la personnalité, l'humeur, les mouvements de l'âme. »

Pierre Moreau
« Le rêve à portée de clic »

Photographe, Pierre Moreau s'est intéressé au montage photographique dès les années 70, bien avant l'avènement du numérique, en mettant au point une technique personnelle mise en œuvre dès la prise de vue. Aujourd'hui, il utilise largement le numérique pour ses travaux destinés à la publicité. Le fait d'avoir à respecter un cahier des charges ne gâche pas son plaisir. « Trouver le chemin le plus court qui mène à la solution la plus pertinente est un exercice passionnant. » Il regrette une certaine perte de crédibilité des images : « Le spectateur connaît l'existence des nouvelles techniques et ne s'étonne plus de rien. Il peut être ému, dérangé, charmé par une photo, mais il ne la prend plus comme un témoignage. » Cette perte de confiance inévitable est compensée par une liberté de création aujourd'hui sans limite. « Hier, je rêvais une image mais je réalisais celle qui était possible. Aujourd'hui je la rêve et je réalise mon rêve, enfin presque. »

Cees de Hond
« Le numérique, avenir de la photo »

Cees de Hond, 56 ans, a réalisé la majeure partie des photographies qui ont servi de base à cet ouvrage. Toute vanité d'auteur mise à part : ses images, prises au cours d'un grand Tour de France, ont servi de matière brute aux professionnels de la retouche et de la composition numérique sollicités. Un domaine que Cees de Hond connaît parfaitement pour avoir été, dans les années 80, l'un des tout premiers à utliser la photo numérique en France. Il avait auparavant beaucoup travaillé en presse magazine, puis pour de grands cabinets d'architecture. « C'est là que j'ai découvert tout ce que pouvait apporter l'image numérique. » Celle-ci, il en est persuadé, est « l'avenir de la photo. »

I M A G I N E . . .

Archives nationales/Institut d'architecture/Archives d'architecture du XXe siècle, Paris (An/IFA)

Projet d'aéroport sur l'île des Cygnes à Paris, photo-montage, vue d'avion, 1932. Fonds Lurçat, André (1894-1970)

RÉALISATION DES IMAGES COMPOSITES

Pages 14 et 15 : Jean-Marie Vivès. *Pages 16 et 17 :* Chayan Khoï.
Pages 20 et 21 : Jean-Marie Vivès. *Pages 22 et 23 :* François Poulain.
Pages 28 et 29 : Médiacryptage. *Pages 32 et 33 :* François Poulain.
Pages 34 et 35 : Géraldine Hervé. *Pages 36 et 37 :* Jean-Marie Vivès.
Pages 38 et 39 : Jean-Marie Vivès. *Pages 44 et 45 :* François Poulain, à partir d'une photo de Lohner, architectes : Architectures Studio.
Page 45 : Pierre Moreau, d'après le prototype Renault « Pangea ».
Pages 48 et 49 : Géraldine Hervé. *Pages 54 et 55 :* Médiacryptage.
Pages 56 et 57 : François Poulain sur une idée originale de Denis Briquet.
Page 63 : Chayan Khoï. *Pages 66 et 67 :* Médiacryptage.
Pages 70 et 71 : Fabrice Redlenfer. *Pages 74 et 75 :* Fabrice Redlenfer.
Pages 82 et 83 : Médiacryptage. *Pages 86 et 87 :* Médiacryptage.
Pages 94 et 95 : Médiacryptage. *Pages 98 et 99 :* Fabrice Redlenfer.
Page 101 : Médiacryptage. *Pages 104 et 105 :* Chayan Khoï.
Pages 108 et 109 : Chayan Khoï. *Pages 114 et 115 :* Médiacryptage à partir d'une image Costa. *Pages 120 et 121 :* Géraldine Hervé.
Pages 122 et 123 : Médiacryptage. *Pages 126 et 127 :* Chayan Khoï.
Pages 132 et 133 : François Poulain. *Pages 136 et 137 :* Médiacryptage.
Page 141 : François Poulain. *Pages 144 et 145 :* François Poulain à partir d'une œuvre originale du groupe Superstudio qui s'intitule *Le Dodici, citta 2000* (1966-1973). *Page 149 :* Chayan Khoï. *Page 153 :* Chayan Khoï.

NOTES

CHAPITRE 2

1. In *Le Figaro*, mars 2000

CHAPITRE 3

1. Jeremy Rifkin, *« La fin du travail », éditions La Découverte, 1997*
2. Robert Reich, *« L'économie mondialisée », éditions Dunod, 1993*
3. Jacques Robin, *«Changer d'ère», éditions du Seuil, 1989*
4. Dominique Meda, *« Qu'est-ce que la richesse ? », éditions Aubier, 1999*
5. Félix Guattari, *dans un article posthume édité par la revue* Manière de voir *(n° 52, juillet-août 2000)*

CHAPITRE 4

1. Franck Herbert, *« Dune », éditions Robert Laffont, 1990*
2. Arthur Young, *« Voyages en France », éditions 10-18, 1989*
3. Nicole de Buron, *« Elle court elle court la banlieue », film*
4. Brigitte Gros, *« Les Paradisiennes », éditions Robert Laffont*

CHAPITRE 6

1. Monique et Michel Pinçon, *« Dans les beaux quartiers », éditions du Seuil, 1989*
2. Christian Saint-Etienne, *« Scènes de vie en 2024 », éditions Lattès, 1999*
3. Fernand Braudel, *« L'identité de la France », éditions Arthaud, 1995*

CHAPITRE 8

1. Paul Yonnet, *« Système des sports », éditions Gallimard, 1998. « Travail, loisirs », du même auteur, éditions Gallimard, 1999*
2. Roger Sue, *« Vers une société du temps libre », PUF, 1982*
3. Robert Rochefort, *« Dans le clair obscur du monde », éditions Nouvelle librairie, 1996*

CHAPITRE 10

1. Jacques Testart *« Des hommes probables » éditions du Seuil 1999*

CHAPITRE 11

1. Philippe Delerm, *« La première gorgée de bière et autres plaisirs minuscules », éditions Gallimard, 1997*

I M A G I N E …

ONT PARTICIPÉ À CET OUVRAGE

Directeur Luc Jacob-Duvernet
Éditeur Arnaud Sperat-Czar
Conseiller Claude Maggiori
Réalisation graphique Philippe de Palmas
Secrétaires de rédaction Soazig Cudennec, Claire Larsen et Anne-Sibylle Loiseau
Correctrice Viviane Lowe
Directeur technique Jean-Jacques Seguin
Réalisation Société des Fondateurs de Génération (SFG)
134, rue du Bac, 75007 Paris

POUR LEUR COLLABORATION ET LEURS CONSEILS, NOUS REMERCIONS

Bernard Cochemé directeur de la Branche Retraites de la Caisse des Dépôts et Consignations
Pascal Delannoy directeur de France Info
Jean-Pierre Guéno directeur de la commercialisation de Radio France
Elisabeth Guingand directrice de la mission Développement durable et Qualité du groupe Caisse des Dépôts et Consignations

ET POUR SON ACTIF SOUTIEN, NOUS REMERCIONS

Daniel Lebegue directeur de la Caisse des Dépôts et Consignations

NOS REMERCIEMENTS VONT ÉGALEMENT À

Gabriel Bauret, Francis Beaucire, Thierry Beghin,
Inès Chauveau, Emmanuel Davidenkoff, Dominique Dron,
Thomas Durand, Hugo De Hond, Sandrine Lapeyrade,
Rémy Poinot, Laurent Seminel, Kira Sipeck,
Houari Touati, Emeline Vast, Sofie Weiss

ISBN : 2.7158.1324.4
993 944.2
Dépôt légal : novembre 2000

Aubin Imprimeur, 86240 Ligugé. — D.L. novembre 2000. — Impr. P 60403